庫

後藤田正晴と矢口洪一

戦後を作った警察・司法官僚

御厨 貴

筑摩書房

「オーラル・ノンフィクション」の試み

背筋がピンと伸びていて、背広姿がとてもよく似合う。なかなか近づき難い雰囲気を醸し出す「紳士」。彼が同じ歩幅で歩みを進め、「失礼」と声をかけていくと、思わず知らず皆が道をあけてしまう。そんなオトナを思わせる渋い男性が、いつのまにかいなくなってしまった。丁寧な物言いながら、時に凄味のある言葉を吐き、毒舌めいた口調になり、笑顔の中にも目は決して笑っていない。存在そのものが絵になる男は、もはや肖像写真でしかお目にかかれない。そもそも「紳士」は今や死語と化してしまった。

戦後日本を支えてきたのは、こんな男たちではなかったのか。二十一世紀を迎えて、男は皆、軽い軽い存在になってしまった。「カワイイ」と若い子に評されるようなヤワな男しか、周囲にも見あたらない。政治も行政も経営もすべてが行き詰まりを見せているのに、正面突破を試みる男はいない。高度成長期を支えてきた男たちの暗黙知は、もののみごとに破壊され、今や「リーダーシップ」なき政治・行政・経営はすべてが劣化の一途をたどっている。

こうした男たちが生きた時代は近い過去でありながら、すでに忘却の彼方へ急速に消え去ろうとしている。今こそあの「リーダーシップ」を極めた男たちを蘇らせねばなるまい。そう、まずは後藤田正晴と矢口洪一。戦後の組織や制度を、片や警察、こなた裁判所にあって確固として作りあげ、そこに君臨した男たちのドラマを、彼等の肉声をもって語らせよう。変革の時代にさしかかったこの二十一世紀において、雄々しい彼等の体験談は、必ずや決断に迷う者たちの態度決定のために役に立つに相違ない。

何が良くて何が悪いのか、いかに思考し決めるべきなのか。後藤田も矢口も熟慮のあげく、決定に際しては断じて迷わない。多くの場合、自らの信念と責任において決断を下し、まっすぐ前へと進んでいく。無論彼等にも誤《あやま》ちはあった。しかしへこたれることなく反省の上にまた歩み始める。長い人生を終えた時、悔いのない一生だったとおそらくは思いえたことであろう。

本書は、最良のオーラル・ヒストリーを素材としてこの二人の公的生涯を「対比列伝」の如く追っていく、「オーラル・ノンフィクション」と呼ぶべき新たなジャンルへの挑戦の試みである。

オーラル・ヒストリーをテキストにして比較対照しながら、二人の生き生きとした姿を描き出す作品に仕上げていくことを自らに課した。テキストを通して後藤田、矢口両人の真剣なまなざしと歯切れのよい話しっぷりが、常に私の記憶を新たにしていった。彼等に導かれたからこそ、作品はこのような形をとるに至ったと信じる。どうか読者の皆様には、一気に読まれることを望みたい。なお、本文中の敬称は略させていただいた。

目次

第二章　人をよく見て判断する

比較年表

	後藤田正晴	矢口洪一
大正三（一九一四）年	徳島県に生まれる	
九（一九二〇）年		京都府に生まれる
昭和十（一九三五）年	水戸高等学校卒業。東京帝国大学法学部入学	
十三（一九三八）年	高等文官試験行政科合格	
十四（一九三九）年	東京帝国大学法学部卒業。内務省入省（土木局）	
十五（一九四〇）年	富山県警察部労政課長、陸軍二等兵（台南市）	
十六（一九四一）年	陸軍主計少尉	第三高等学校卒業。京都帝国大学法学部入学
十八（一九四三）年	同、主計中尉	高等文官試験司法科合格。京都帝大法学部卒業 海軍法務見習尉官
十九（一九四四）年		同、法務中尉。佐世保鎮守府軍法会議付
二十（一九四五）年	同、主計大尉	同、法務大尉。復員

二十一（一九四六）年	復員。内務省地方局職員課	司法官試補。京都地裁赴任
二十二（一九四七）年	警視庁保安部経済二課長	司法修習生
二十三（一九四八）年	同、警務部警務課長	大阪地裁判事補
二十四（一九四九）年		最高裁事務総局人事局付
二十五（一九五〇）年	警察予備隊本部警備課長兼調査課長	
二十六（一九五一）年		東京地裁判事補
二十七（一九五二）年	国警本部警備部警邏交通課長	
二十八（一九五三）年		横浜地裁判事補
二十九（一九五四）年		最高裁事務総局民事局付
三十（一九五五）年	警察庁長官官房会計課長	
三十一（一九五六）年		同、民事局第二課長
三十三（一九五八）年		判事任官。同、経理局主計課長
三十四（一九五九）年	自治庁官房長。同、税務局長	同、総務課長兼営繕課長
三十七（一九六二）年	警察庁官房長	同、営繕課長。東京地裁判事。最高裁事務総局総務局制度調査室長
三十八（一九六三）年	同、警備局長	
四十（一九六五）年	同、警務局長。同、次長	東京地裁判事
四十三（一九六八）年		最高裁事務総局民事局長兼行政局長
四十四（一九六九）年	警察庁長官	
四十五（一九七〇）年		同、人事局長

四十七（一九七二）年	内閣官房副長官（〜昭和四十八年）	
四十九（一九七四）年	参議院議員選挙出馬（落選）	
五十一（一九七六）年	衆議院議員初当選（〜平成八年）	最高裁事務次長
五十二（一九七七）年		浦和地裁所長
五十三（一九七八）年		東京家裁所長
五十四（一九七九）年	自治大臣（第二次大平内閣。〜昭和五十五年）	
五十五（一九八〇）年		最高裁事務総長
五十七（一九八二）年	内閣官房長官（第一次中曽根内閣。〜昭和五十八年）	東京高裁長官
五十八（一九八三）年	行政管理庁長官（第二次中曽根内閣。〜昭和五十九年）	
五十九（一九八四）年	総務庁長官（第二次中曽根内閣。〜昭和六十年）	最高裁判事
六十（一九八五）年	内閣官房長官（第二・三次中曽根内閣。〜昭和六十二年）	最高裁長官
平成二（一九九〇）年		定年退官
四（一九九二）年	法務大臣（宮澤改造内閣。〜平成五年）	
五（一九九三）年	副総理（同上）	勲一等旭日桐花大綬章受章
七（一九九五）年	オーラル・ヒストリー開始	

八（一九九六）年	政界引退（第一次橋本内閣）	
九（一九九七）年	勲一等旭日大綬章受章。オーラル・ヒストリー終了	
十（一九九八）年	オーラル・ヒストリー刊行	
十二（二〇〇〇）年	警察刷新会議顧問	
十三（二〇〇一）年		オーラル・ヒストリー開始
十五（二〇〇三）年	行刑改革会議相談役	オーラル・ヒストリー終了
十六（二〇〇四）年		オーラル・ヒストリー刊行
十七（二〇〇五）年	逝去（九十一歳）	
十八（二〇〇六）年		逝去（八十六歳）

警察の組織図

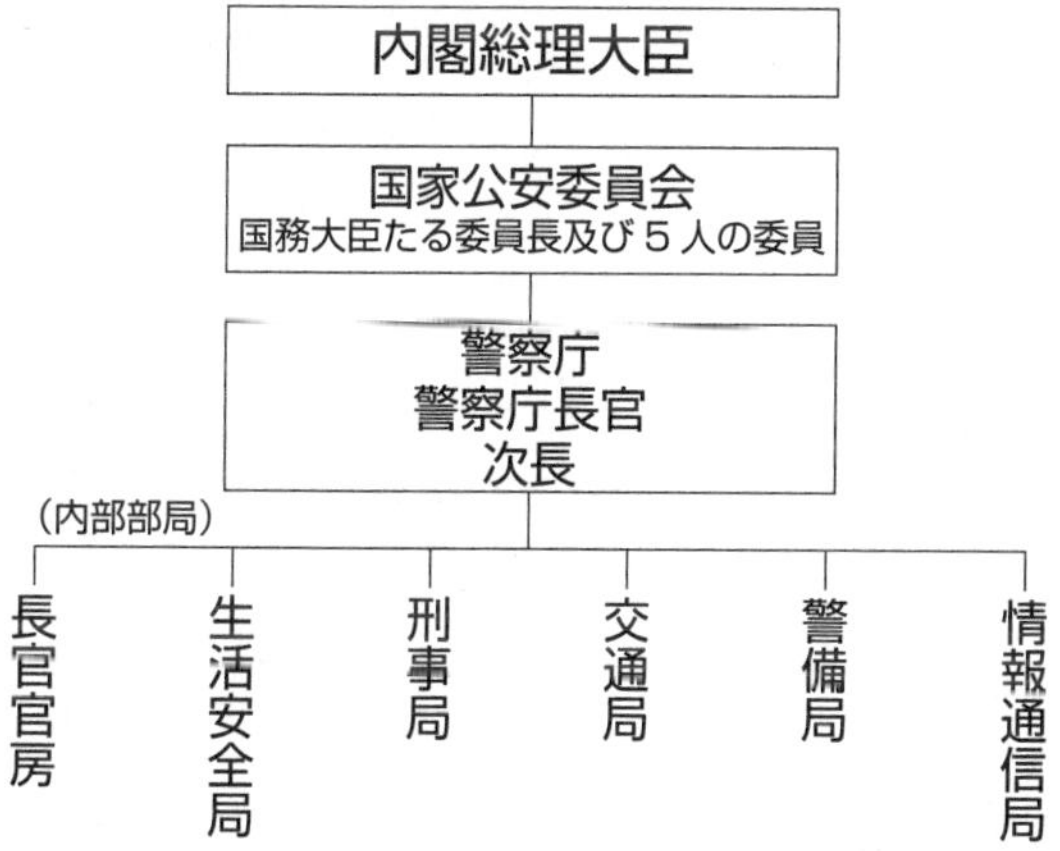

警察庁のホームページをもとに作成

最高裁判所の組織図

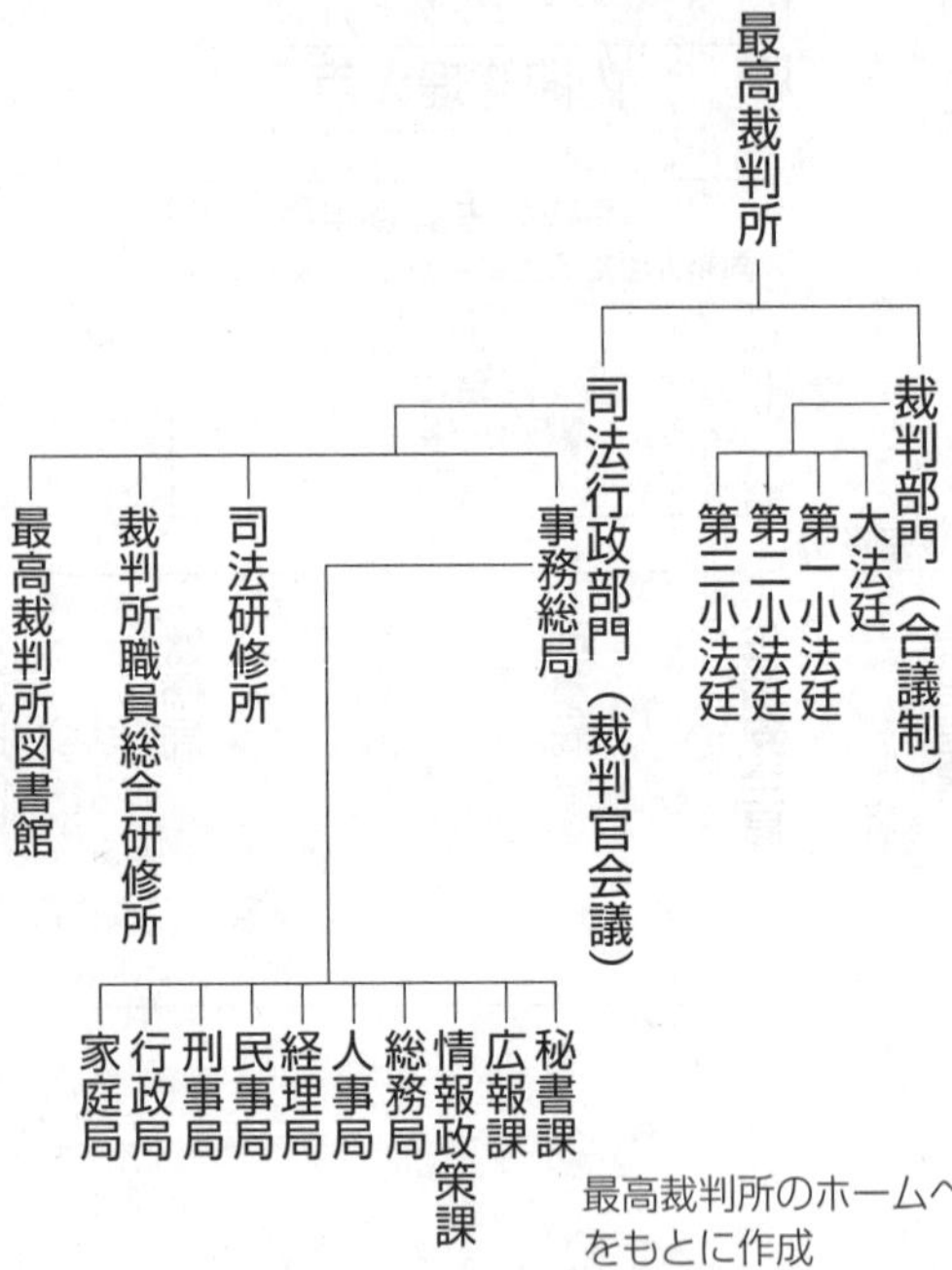

最高裁判所のホームページをもとに作成

後藤田正晴と矢口洪一

戦後を作った警察・司法官僚

はじめに　プロフェッショナルとしての真骨頂

私がオーラル・ヒストリーの研究を開始してから、四半世紀になろうとしています。この間、世の中に、「聞き書き」「聞き取り」、つまり、一般に人の話を聞いて書いて公表する、ということが活発になってきたことは非常に喜ばしいことです。これらの行為をすべてオーラル・ヒストリーと呼んでもいいと思いますが、この名称も含めて、一般化が進み社会への広がりを見せてきました。

私自身は、東京都立大学にいたときから始めて、政策研究大学院大学ではCOE（センター・オブ・エクセレンス）のプロジェクトに携わり、さらに三番目の職場である東京大学先端科学技術研究センターでオーラル・ヒストリーのプロジェクトを担当し、今もなお、客員教授としてオーラル・ヒストリーのさまざまな活動に携わっています。そして私のところ以外でも、さまざまな研究機関や役所、組織でオーラル・ヒストリーが活発に行われるようになりました。このことは、オーラル・ヒストリーという一つの研究手法が、私が専門とする政治学ないし歴史学の分野だけでなく、それ以外のアカデミズムやジャーナリズムさらには官界や経済界などで、認められてきたことを意味すると思っています。

ただし、そこには一つ注意しなければならない点があります。それは、ほかの文書資料に比べて、オーラル・ヒストリーの結果得られる口述資料については、まだまだ客観的な批判、つまりテキスト・クリティークが非常に弱いということです。それは無理もないことで、一所懸命オーラル・ヒストリーを実施して、結果として一冊の本あるいは一つの成果報告書ができると、「やれやれ、よくやった」ということで、一種の自画自賛的な状況が生まれてしまうからです。それがどう使われるかということに関してはあまり意識にのぼらせることなく、さあ、次のオーラル・ヒストリーに取りかかろうという意気ごみで、あたかも大地の草刈りを一斉にやるように、オーラル・ヒストリーにとりかかってきたという感じがします。

私が行ってきたオーラル・ヒストリーは、政治や行政といった分野に携わった人物を扱うことが多く、専門家だけにしか利用されていないようなタイプのものもありますが、四半世紀もやってきますと、もう少し一般の読者に活用してもらうことを考えたり、自分の行ったオーラル・ヒストリーを自分自身でじっくり振り返ってみたいという気持ちになります。

本書は、当の本人が語ったものを素材とし、しかも私自身が関わっている成果物（『情と理　後藤田正晴回顧録』上・下、講談社〈一九九八年、文庫版は二〇〇六年〉、以下、それぞれ上、下と略／『矢口洪一　オーラル・ヒストリー』政策研究大学院大学〈二〇〇四年、非売品〉、以下書名略。ともに筆者が主な聞き手となっている）を選び、それらを重ね合わせていくことによって一つの時代を生き抜いた人物たちを複合的に考えてみたい、という長年の思いを現実化する試みに他なりません。

自分自身が行ったオーラル・ヒストリーを客観的に批判することはなかなかできませんが、自分自身が行ったという利点を活かしながら、オーラル・ヒストリーを考え直していくことは、実は大事なことではないかと思っています。

オーラル・ヒストリー「対比列伝」の可能性

そのために始めたいと思っているのは、さまざまな人物のオーラル・ヒストリーを組み合わせて、一種の「対比列伝」風に読み解くことです。対比列伝風に読み解くことはいろいろな意味を持ちますが、それこそ『プルターク英雄伝』で、古代ギリシアの人物と古代ローマの人物が対比されたように、二人の人間を重ね合わせることによって、これまで見えていなかった視角が生まれたり、二人の重なり合いによって物事が立体的に見えてくればよいのではないかと思います。日本では最近はあまり対比列伝という方法はやりではありませんが、そのような形で人物論を展開した時代もありました。今回は、オーラル・ヒストリーというまさに当の本人が語ったものを素材とし、しかも私自身が関わってインタラクションしている成果物を二つ選んで、それを重ね合わせていくことによって見えてくるものを考えてみたいという試みです。

私は、戦中・戦後を生き抜いてきた人物について、特に戦後、高度成長の時代を彼らがどのように意識して生きてきたのかということが、ずっと気になっていました。多くの人にとって無意識のうちに、あれよあれよという間に高度成長が実現してしまったようで、今日なかなか補助線が引けないでいる高度成長の時代について、この二人の生きていく様を比較することで、思わぬ成果が得られるのではないかという気がして、対比列伝を試みようと思いました。

一言断っておかなければなりませんが、対比列伝というと、その二人のすべてを比較して、あらゆる面についてどこが同じでどこが違うかという人間像の比較対照をすることだと思われがちです。確かに従来の対比列伝はそうでしたが、私がここで「オーラル・ヒストリー対比列伝」という場合、それは少し違います。もちろん、人物にも光を当てますから、その人物像がより鮮明に浮かび上がってくることもあるでしょうが、私はもっと一般論的な対比を試みたいと考えています。二人の人物がある時代に、重なり合いながら、偶然と必然とがあざなえる縄のごとくにからまりあって、生き抜いてきたところを考察したいのです。彼らが組織人であれば、組織の中をどう生き抜いてきたか、組織一般の比較もしたいと思います。

人物対比・組織対比・社会対比

そこでここでは、後藤田正晴と矢口洪一を取り上げます。

後藤田正晴と矢口洪一はそれぞれ、警察という行政官僚組織、裁判所という司法官僚組織の中を生きてきました。それぞれの官僚制の特色を考察しながら、日本社会が持っている特徴を浮かび上がらせる形で一般論的な対比をしたいと思います。これは人物対比であると同

上　後藤田正晴（1982年11月、中曽根内閣官房長官時代）
下　矢口洪一（1985年11月、最高裁長官就任時）
（上下とも共同通信社提供）

時に、組織の対比であり、社会の対比でもあります。それが政治学として、私がオーラル・ヒストリーをやっていることの意味、あるいはオーラル・ヒストリーから引き出すことの意味になるというように、工夫したいと思っています。

生没年は違っているとしても、同時代を生きてきたということの意味を、後藤田と矢口の二人を取り出すことによって明らかにしたいのです。繰り返しになりますが、警察行政のプロと司法行政のプロ、どちらもプロフェッショナルとして真骨頂を見せた二人の仕事ぶりや考え方から、二十世紀後半の日本社会がどのようなものであったかということを明らかにしていきたいと思います。

ちなみに、後藤田正晴は警察庁長官として警察官僚の頂点に立ったのち、内閣官房副長官に転じ、そこからさらに政治家となり、政治家としては内閣官房長官から後には副総理までを歴任し、「政と官のプロ」と言われるようになりました。

一方、矢口洪一は裁判所に入りましたが、裁判所の中では「裁判をしない裁判官」として司法行政一筋に歩んできました。裁判所は表からは裁判をしている部分しか見えませんが、その裏にあって、全国にまたがる裁判所機構を機能的かつ機動的に運営していくプロとして、最高裁判所の事務総長から、最高裁判所長官になり、「ミスター司法行政」と言われるほどのプロになったわけです。この二人を、そういう視点からも分析してみたいと思います。

　あらかじめ言っておきますと、後藤田も矢口も、人事のポストを経験し、総務ないし経理のポストを歴任していきます。ある段階で人事と予算を握るポストを歴任することによって、プロとして成長を遂げていったということが言えるわけです。さらに、自分のいる警察なら警察、裁判所なら裁判所だけに生息していては、そこのプロにすらなれません。そこからさらによその世界に侵入し、他の省庁、他の機関とどういう合従連衡《がっしょうれんこう》を試みていくか。そういうことをしながら、独自のコミュニケーション・ネットワーク、つまり、独自の人脈を形作り、それを広げていくということが、ここでの大きなポイントになります。多くの可能性を考えながら、オーラル・ヒストリー対比列伝を試みたいと思います。

第一章

立身出世の階梯を昇る

後藤田正晴は大正三（一九一四）年に生まれ、平成十七（二〇〇五）年に亡くなりました。享年九十一歳でした。矢口洪一は大正九（一九二〇）年、後藤田より六年後に生まれ、平成十八（二〇〇六）年に亡くなりました。八十六歳でした。この二人は、ちょうど六歳の違いで同時代を経験しています。後藤田は徳島生まれ、矢口は京都生まれ、いずれも東京ではありません。地方に生まれて、やがて東京で立身出世の階梯《かいてい》を昇っていくところが共通しています。

後藤田は、水戸高等学校から東大法学部に入ります。他方、矢口は京都の第三高等学校から京大法学部に入学します。この二人が学業について語っているところがありますが、例えば後藤田は、高等学校を受験するときのことについて、次のように言っています（後藤田正晴『情と理』上・下巻、講談社、一九九八年、以下書名略）。

「それと、私は出来があまりよくなかったものだから、全国の何年分かの試験問題を調べたんですよ。すると、数学が非常に難しくて英語が比較的やさしいのが、名古屋と水戸だったんです。そこで私は水戸を受ける気になった。事実入学試験の英語はできなかったんです。数学は、半分ぐらいの時間で全部解けたんですがね。だから、本当をいうと私は数学的な頭なんですよ」（上二二ページ）

数学ができた、数学的な頭だったことを後藤田は自慢しています。これに対して、矢口は数学について次のような言い方をしているのです（『矢口洪一オーラル・ヒストリー』政策研究大学院大学、二〇〇四年、以下書名略）。

「そんなもの［＝数学の勉強］は、したってしょうがない。一学期の試験のときに、前の日には少しやりますね。それでも、数学は満点の一点でした。それ以来、先生は私に当てもしなかったし、文句も言わなかった。担任のフランス語の伊吹武彦先生が、『君は数学ができるんだな』と言われるから、『できるんじゃないんです』と言った。数学は、事前に勉強しておかなくても、一学期の試験分ぐらいは、前の日に教科書を見ればできるんですね」（一四ページ）

この手の自慢話にはデフォルメされた部分もあるでしょうが、二人とも数学ができたと強調していて、もともとガチガチの文科系ではないと言っている点が特徴だと思います。ではなぜ東大法学部に入ったかということについて、後藤田は、次のように言っています。

「法学部を選ぼうか経済学部を選ぼうかという戸惑いが若干ありました。しかしつぶしがきくのが法学部ではないかなと思ったんです。経済学部では法律系統には行けませんね」(上二四ページ)

矢口は、次のように述懐しています。

「将来、何になるかという話ですね。高等学校のときには、あまり考えませんでした。京都大学法学部は、私の一年前には入学試験がなかった、無試験だった。その一年前は、試験がある。大体、一年置きなんですね。(中略)私の時はちょうど試験があったんです」(二五ページ)

「法律はやろうと思っていた。文学は向かないですから。戦前の京都学派の一人鈴木成高先生に西洋史を習って、それは面白かったんですが、だからと言って、どうこうしようなんていう気は全然ありませんでした。結局、法学部に行こうと思いました」(二六ページ)

父親が裁判官だったので、法学部に入ったとも言っています。さらに矢口は、次のようにも言っています。

「大体、法学部というのは潰しの効く学部ですからね。文学部は専門的です。私から見ると、経済学部も、ある意味で専門です」

「はっきり申し上げて、行政官になるなら、東京大学でないと駄目です（中略）。裁判所や司法省は、割に京都大学の方が多いようでした。法律のほうは、そう嫌いでもなかったので、法律をずっとやっていくということになると、学校の先生か判事しかない。『じゃあ、裁判官にでもなろうか』と、何となく思っていました」（一六〜一七ページ）

二人とも法学部はつぶしがきくと言っていますが、これは彼らに限らず多くの東大や京大など帝国大学の法学部を出た人たちとも共通しています。そして二人とも高等文官試験に合格します。後藤田は行政科、矢口は司法科に受かることになります。東京大学法学部、京都大学法学部に対して、いわゆる愛校心は、後藤田にも矢口にもないようです。

当時の政治的な問題として、軍部が進出してきて、その結果、昭和十一（一九三六）年、二・二六事件が起こるという事態については、後藤田、矢口ともに、非常にはっきりとした感想を述べています。大学二年だった後藤田は次のように言います。

「いちばん印象に残っているのが二・二六事件です。［大学］二年になったとき、私は、今でも同じあの図書館で勉強しとったんですよ。（中略）われわれ学生の中には、あの事件を、『よくやった』というのは一人もいませんでした。『けしからん奴だ、軍という特権を与えられた組織がクーデターをやるとは何事だ』ということで、それが東大全体の空気だったと思うんです。これは強烈な印象として残っていますね」（上二四〜二五ページ）

矢口は、中学生だったと思われますが、「それと同時に、昭和十一年二月二十六日の二・二六事件のことです。二・二六の時に、前にも申しましたように、私は休学して家で療養しておりましたが、当時から『あれは、本当に怪しからん』と思っておりました。『お前たちの気持ちは、よく分かっている。あとは大御心に待つ』などと言うのは実に怪しからん話です。そういう点は、はっきりそう思っておりました。京都一中に入りましたら、当時の山本安之助という校長が、非常にしっかりとした方で、はっきりと『二・二六はいけない』と言われました」（三〇ページ）とやはり批判的なことを言っています。

大学を卒業すると、二人とも社会に出ることになります。後藤田は、昭和十四（一九三九）年に内務省に入省します。当時の内務省はいきなり地方勤務になるようで、まず富山県の警察部労政課長となりますが、昭和十五（一九四〇）年に徴兵検査を受けて、陸軍の二等兵として台湾に行くことになります。そして終戦までの六年間、ずっと陸軍に勤務することになります。

矢口は、昭和十八（一九四三）年に海軍の法務見習尉官になって、海軍の法務畑を、法務中尉、法務大尉と上がっていきます。その際、矢口はどうせ軍にとられるのだったら絶対に海軍だったと明快に言っているところがあります。

「私自身も軍隊というものは、そう嫌いではないんです。兵隊さんというのは、なかなか格好のいいものです。子供の頃に読んだ『少年倶楽部』には馬に乗ったナポレオンの『アルプス越え』の絵が載っていました。『ああいうのは格好いいな』と思っておりました。（中略）その後いろいろなことがございましたが、軍隊というか、戦闘集団というものが、どういう歴史的な意味を持ち、政治にどういう影響を及ぼすかは別として、それ自体は私は嫌いではないのです。陸・海軍と並べれば、圧倒的に海軍のほうが好きでした」（二九ページ）

「陸軍軍人が、なぜ国をリードしなければいけないのかということについては――私は少し早熟だったのかもしれませんが――どうも気にくわなかったのです。

そういう意味では、一歩下がっている海軍の方がいいんじゃないか。海軍は、どちらかと言うと、イギリス海軍の伝統的なものを受け継いでおり、軍政が軍令を抑えている。そういう言葉は、はっきりわかりませんでしたけれど……。それに反して陸軍は、軍令的なものが軍政を常に威嚇し、リードしている。それは、ある意味で下克上的なものではないか。軍が政治に口を出すことは、怪しからん。元来、統帥権の独立は、軍の作戦が独立しているということだけのことであって、軍政は内閣の一部に属すべきものだ。そこまではっきりとしたものではありませんが、そう

いう考えは中学のその頃から持っていました」（三〇ページ）

「そういうことで、何としてでも陸軍には行きたくなかった。しかし、兵役そのものを免れることはできません。そうすると海軍に行くよりしょうがない。海軍に行くとなると、短期現役の士官です」

「法務科の短期現役の制度は、法務官が文官から武官に切り替わった昭和十七（一九四二）年に、第一期として発足しました。私たちは翌年で第二期ですが、これと同期に当たる主計科の『短現』は、第十期です」（三一ページ）

いわゆる主計科の短現以外に法務科の短現ができたので、そちらに行ったということです。これが後藤田になるとどうでしょうか。

「当時の大学卒は海軍に志願する人が多かったです。海軍に短期現役の制度ができておったから。志願ですがね。初めから海軍中尉になる、主計中尉のね。中曽根康弘さんなんかはそこへ入ったんです。確かにそっちへ行く人が多かった。陸軍の方はいちばん下の二等兵から行くわけですから（中略）。

私は海軍を志願したんですよ。そしたら家に調べに来たんだ。（中略）志願書を出したんだね、はっきりしませんが。それで落とされた。試験を受けた記憶は残っておりません。書面選考で駄目になったのかも知れませんね。よく判らんのですが、向こうは初めから決めてるんじゃないかな。要するに海軍は、家庭の関係とか学歴を中心にみたんじゃないですか」（上四七～四八ページ）

どうも両親がすでにいなかったので落とされたのではないか、というのが後藤田の推測です。「落とされると、当然、陸軍にとられる」と言っています。

「民間のわれわれのような仲間に法務官というのがずいぶんいました。これは仕事は楽ですから」（上四九ページ）

そこで後藤田は陸軍に二等兵で入り、台湾で幹部候補生の試験を受けて甲種合格となり、陸軍経理学校に出向いて教育を受けて、戦争が終わったときは陸軍大尉になっています。だから後藤田の軍隊経験はすべて台湾にあるわけです。

　次に、後藤田と矢口の戦時体験に触れてみましょう。この時期を生き抜いた人は、早いか遅いかは別にして、いやでも軍隊を経験させられています。しかも昭和期の日本軍は、日を追って敗れていくという〝敗北の歴史〟ですから、まさにそれを体験していることになります。

　後藤田は陸軍主計中尉から大尉として、矢口は海軍法務中尉から大尉として、それをつぶさに眺めました。この経験が、戦後の日本の中で、二人が片や警察行政を、片や司法行政を担っていく上で、大きな影響を与えていることは否めないと思います。

後藤田式①

視野は広くとる

台湾では庶務を経験

後藤田は、戦争に関して、次のように言っています。

「下級将校ですから守備範囲が狭い。だから、この戦争の性格、この戦争の将来はどうなのかといったようなことについては、率直に言ってわからなかった。ただひたすら、この戦争は勝たなければならないという気持ちでいっぱいであって、したがって、この戦争で怠けるなんてことはやらなかった。ただ、専門の職業軍人とは視野が違うんです。人生経験は僅かですが、ともかく普通の大学の教育ですし、思想問題にもいちおう旧制高校から大学までは、いろいろな思想的なものに洗われていますから。物の考え方が職業軍人とは違って、幅が広いんです。ただし、軍事知識は乏しいということですからね」(上五二ページ)

軍隊の中ではいろいろな経験をしますが、台湾軍の司令部では、「ずっと庶務将校をしていたんです。ミセレニアス（雑多）の庶務です。実際は台湾総督府との連絡が多かったんです」。また、ここで行ったことは「高砂《たかさご》義勇隊の編成」だったと言っています。

はたして後藤田の軍隊での観察は、どのようなものだったでしょうか。

「［台湾統治は］世界でもうまく融和をして成果をあげていた統治形態であったと思うんですね。（中略）しかし、私の目が駄目だったんです。それは戦が済んだ後、僕らは意気消沈していますよね。ところが、八月十五日の夕方になったら街中爆竹です。こちらは敗戦で打ちひしがれている。昨日までいっしょに仲良くやっていた台湾の人が、爆竹をあげて解放感を味わっているわけですから。だから、所詮は植民地統治なんてできるもんじゃないです。その時は本当に身にしみて感じました」（上五七ページ）

日本に戻ってきて、ずいぶんいやな目に遭ったと後藤田はかなりはっきりと言っています。

「戦犯調べのときなんか、いやな思いをした。司令部の中の幹部の動きを見ていると、私は、日本人というのはダメだなと思いました。まことにみっともない。責任回避に狂奔するような人が多かったな」（上六六ページ）

と言っています。実際に日本に戻ってきたときの印象は、次のように述べています。

「ことに大阪駅で乗り換えたときの駅の中の状況、それから窓から見る都会の姿、まさに国破れて、ということだ。敗戦から半年以上たった四月になると、人心はまるっきりすさんで、見るも無惨な国民の姿でした。いたるところ破壊されていますからね。もうそれは何というか、惨憺たる状況だというのが私の印象で、本当にこの国は立ち直ることができるのかなと思いました。一体この国民はどういうことになるんだろう、と」（上六八〜六九ページ）

内務省に戻り、後藤田が最初に赴任するのは神奈川県の経済部の商政課長です。そのときの横浜について、次のような印象を述べています。

「横浜の街を見て、占領というのはこんなものかと思ったな、軍事占領というのは。

（中略）

町の中はといったら、兵隊がうじゃうじゃおる。歩いている日本人はだいたい肩をすぼめちゃって、見るも無残な格好だったな。ところが女は逞しかった。男は食えないけど、女は食えるわな。日本人というのは残念ながら、あきません。個人がしっかりしていない。鬼畜米英なんて言ってたのが、食うものがないとコロッと変わる。食べ物ひとつのためにいくらでも体を売るんだ。だから、人は困ると何をするかわからんね。人間不信になる。今では考えられないですよ」（上七〇～七一ページ）

これが後藤田が見た敗戦地獄です。

矢口式①

厳格にやる必要はない

軍法会議から受けた影響

これに対して矢口はどうだったのでしょうか。矢口は海軍の法務官として、軍法会議を経験します。彼は佐世保での軍法会議を次のように述べています。

「軍法会議というのは、本来、軍の裁判所で、特別裁判所ですから、あまり世間の人は知りませんでしたが、裁判所であることには変わりがないのです。ただ、軍の犯罪を処罰するところではなくて、原則として軍人を扱うところです。属人主義なんです。（中略）

非常に変な話ですが、軍には刑務所があります。軍刑務所では、どういう人が刑の執行を受けているかと言うと、士官はいません。なぜならば、刑が確定しますと、士官は官を剥奪されます。民間人になってしまう。そうすると、例えば五年の刑なら五年の刑で、民間人として普通の刑務所で服役するわけです。（中略）軍の刑務所で服役する者は、兵役の義務があって、まだその義務を終わっていない者です」

（三二ページ）

軍法会議については、合議でやるけれど、ほとんど法務官の意見が採用されると言っています。これが、矢口のその後の職業裁判官として裁判を行う上で大きな影響を与えたようです。また、筆者が矢口にオーラル・ヒストリーを行っている平成十三（二〇〇一）から十四年当時、裁判員制度が話題になったときにも、裁判についての見方が普通の人とちょっと異なるのは、この経験が大いに寄与していると思われます。

「犯罪というのは、大体若い人がやりますね。そんなに歳を取ってからは、やらない。当時は若い人がどんどん出征しますので、どうしても女の人が残ります。そうすると、いわゆる姦通罪がある。性の問題というのは、中国に行った軍人だけの問題ではない。およそ、どの国の、如何なる時代でも、性の問題はある。特に軍隊というのは、若い人でなければ駄目ですからね。若い人から性を取ったら、どうにもなりません。それはアメリカだって、どこの国だって、それをどのように処理するかの問題だと思います」（三四ページ）

そして、軍法会議に勤めている法務官は忙しかった、と言っています（以下、引用中の［　］は底本の編注、〔　〕は本書のために新たに付した注。読みやすさを考慮しルビを付した箇所もある）。

「専門家は法務官がいるだけで、その法務官たるや、裁判所で言えば左陪席〔経験五年未満の未特例判事補〕ぐらいのところです。それで、結構、ちゃんと処理できるのです」（三五ページ）

つまり、あまり経験がない場合でも、案外きちんと処理できるということで、これが裁判についての彼の議論のポイントになると思います。

「向こう［普通裁判所］は開店休業でしょう。こっち［軍法会議］は忙しかったわけです。それが、軍法会議と裁判所の問題です」（三六ページ）

軍法会議は法務官がすべてを担う。そこに訴えられる仕事が非常に多かったと彼は盛んに言っています。それは例えば次のようなところからもわかります。

「一日に二十件ぐらいは当然やりますからね。だって、どんどん憲兵から送られて来る。陸軍は師団で、管轄が狭いですけれども、海軍は鎮守府が四つしかないですからね。私は佐世保鎮守府でしたが、佐世保鎮守府というのは、沖縄も含めた九州一円と愛媛ですから、それだけの地域の人が全部来るわけです。（中略）その代わり、難しくないです。今で言う簡易裁判所でやっているような事件が、大部分です。戦時逃亡とか、国家総動員法違反とかと言うと、如何にも立派そうに見えますが、難しくはない。それに当時は、連続犯という規定がありましたからね。窃盗なんて、山ほどあっても、ほとんど書くこともない。

大体、判決を、見てきたように細かく書くのは、やめたほうがいい。民事、刑事の関係なく、書けば書くほど、『ここも間違っている。ここも間違っている』ということになる。書かなければいいんです。私は、そう思う」（三八ページ）

厳格にやる必要がないということは、軍法会議のときにわかったと矢口は言います。そしてこれが彼の発想に水脈のように続いていくのです。

「今の日本は、その辺について構え過ぎていると言いますかね。私は、軍法会議の簡単な経験がある。それは、軍法会議で荒っぽいことをやってきたことも、事実です。『あんなことしなきゃ、良かったな』ということも、幾らもあります。しかし、そこで得たものがないわけではないので、裁判というものは、やりようによって、やる人によって、如何ようにでもなっていく。そして、『裁判の本質は、精緻な判決を書くことにあるのではないんじゃないか』と、つくづく思ったことが一つです」(四〇ページ)

法の確立といっても、こういう究極の場所では考えさせられることがあったということを、ひとこと言っています。

「終戦前には、特攻基地での話があります。鹿児島の出水《いずみ》に特攻隊がありまして、そこからたくさん飛んで行ったんですが、その出水の航空隊員が非常に荒んでいました。民間人と喧嘩して、殺したりした。その引き渡しを求めに行ったとき、その隊長は、『特攻隊員が悪いことをした。人を殺したんだから、それはしょうがないけれども、法務官がその男を連れて行くんだったら、代わりの者を持って来てくれ』と言う。法務官が、代わりを持って行けるはずはないですよね。軍から見れば、『翌日、特攻で飛んで行って、国のために命を捨てる人間なんだ。だから、悪いことをしたかも知れないけれども、ここで軍法会議に持って行かれるのは、承知できない』と言う。そういうふうに考えてみると、軍における法務官の在り方は、非常に難しい」（四一ページ）

軍の中では、後藤田もそうですが、法の支配の確立ということを考えると、軍法会議も結構大変だったということだと思います。これは後の後藤田とも共通するところだと思いますが。

戦時体験がプロの生き方を規定

矢口は一般論として、法の支配という問題について、次のように述べています。

「『法の支配』というのは、約《つづ》めて言えば、『あいつにやられたら、しょうがない』ということだと思うんです〔矢口が法律を擬人化して「あいつ」と言っているのか、実際の裁判官を指しているのかは判然としないが、おそらく双方を含んでいると思われる〕。

そこに、行けるかどうかです。だから、『あいつ』というのは、そんなにたくさんはいないということです。私には、どうしてもそう思えるんですね。最後まで、有罪とされて、または敗訴して満足するということはないんじゃないかと思います。どんなにやりましても、『それは、しょうがないな』というだけのことだと思います。

その『しょうがないなということになりますよ』ということの根拠が、『法の支配』だと思う。それを『法の支配』という言葉で置き換えているんです。このことと、人智として死刑がいいか悪いか、それは、また別の問題です。しかし、死刑という制度は、現にあるんです。ある以上、裁判官が『こうだ』と言えば、しょうがないじゃないか、任せざるを得ません。

それで、『死刑がいけない』と本当に思ったら、法律を変えればいいんです。法律も変えないでおいて、『やるな、執行するな』と言うのは、『法の支配』ではないんです」（四三～四四ページ）

先取りして言っておくと、平成四（一九九二）年、後藤田正晴が政治家として宮澤内閣の法務大臣に就任したときに、実は同じことを言っています。

「死刑の判決を受けて執行していない人が五十数名たまっているというんだけれど、これについてはどう思いますか、あなたは執行命令を決裁しますか、という話があった。そこで僕は言下に、現在制度として死刑があって、何百人という人の目を通して、これは間違いないということで死刑の判決は最終確定しているはずだ、現在の法律では少なくとも六ヵ月以内に法務大臣はそれを執行しなければならないことになっている、それを考えた場合、これに決裁しないというわけにはいかない、おれは必ず決裁するよ、と言った。それはなぜですか、と言うから、法律の意義というものはそういうものだよ、といったようなやりとりがあったんです」（下二六六ページ）

「しかし、少なくともいま死刑制度がある以上、裁判官だって現行制度をきちんと守って判決をしなければならないと思って、敢えて判決をしているわけですね。それを行政の長官である法務大臣が、執行命令に判を捺《お》さないということがあり得るのか。それはおかしいというのが僕の考え方です」（下二六七ページ）

これが法秩序という問題になるわけです。この後藤田の後年の考え方と、矢口の考え方は同じです。法の支配、法の秩序というときに、死刑が執行できないとは言えないだろうと、はっきり言っているわけです。

戦時体験というのは、通常考えられている以上に、その後の、組織のあり方、人間についての考え方、あるいは自分のプロとしての生き方を規定しているところがあるように見えます。つまり、反戦になったとか、戦争はいやだという感覚的なものだけではなく、戦時体験というもの自体が、プロフェッショナルとしての生き方を規定しているのが興味深いところです。良い、悪いは別にして、まさに後藤田も矢口も、組織の中で職業訓練を受ける時期に、組織の外で、しかも戦場で、こうした経験をしているわけです。戦時経験というのは、戦争観の形成以外のことにも利いているのではないかというのが、これら一つひとつのオーラル・ヒストリーを行っていたときには気がつかなかった、新たな発見です。

後藤田式②
ポストは自分から希望しない

警察は秀才のいらない役所

　さて、後藤田は、ＧＨＱ（連合国軍総司令部）支配下の内務省に復帰して、いろいろな仕事をすることになります。後藤田は、法案づくり、公務員法などの原案づくりは苦手だったと言っています。自分自身が書いたものを、行政課の筆頭事務官だった金丸《かねまる》三郎が直し、金丸が直したものを職員課課長で後藤田の上にいた小林與三次《よそじ》が直す。さんざん直されて、ほとんど後藤田の原文はなくなってしまいます。そのことについて、後藤田は次のように言っています。

「それで三つを見比べてみる。そうすると小林さんのがいちばん出来がいい。それから、こんなものはばかばかしい、一切おれはやらんと決めた。僕に勤まりそうなのは、常識さえあればできる警察ですよ。警察は常識人じゃなきゃいかんですよ。秀才のいらない役所でね、秀才はかえって邪魔になる。それから性格が偏っているやつは邪魔になる。偏執狂みたいなやつが一番いけない。それで僕は、警察へ出し

てくれと言った」（上八三ページ）

後藤田が内務省に戻ってあれこれ経験したあと、警察に出向するときの経緯はまさにこういうところにありました。こうして彼は警察畑に出て行くことになります。もちろん、警察に出たのには、同期で郷里も一緒だった海原《かいはら》治がいたことも関係していたようです。当時、警視庁保安部で編成替えに追われる海原から「おれのところに手伝いに来んか」と言われたといいます。しかしいわゆる特高警察の人たちはみな追放になっているので、基本的に戦後の警察は、地方局系統が主流になっています。

「僕はどちらかというと、旧警保局の岡崎（英城）、丹羽（喬四郎）の系列だというので、当時の警察、この時すでに国家警察本部になっていたんだけれど、睨まれちゃった」（上八八ページ）

後藤田は繰り返し、内務省の中で自分はもともとは地方に出たときには土木畑で、戻って来たときは地方局にいて、それから警察に行ったということで、「三足の草鞋《わらじ》を履いている」という言い方をします。その中で彼は、戦前の特高、岡崎英城《えいじょう》、丹羽喬四郎につながるもので、純粋の地方局の系列ではない、と見られていたことを認め、複雑な言い方をしていますが、これはまず間違いのないところだと思います。

人員整理、警視庁の機構改革等があって、昭和二十三（一九四八）年には、いわゆる国家公安委員会の制度ができます。

国家公安委員会制度ができるときのポイントとして、後藤田は「［国家公安委員会は］個々の事件に対する指揮監督はいっさいない。管理運営に限った」（上一〇二ページ）と言います。これは戦後の法務大臣が、検事総長に対してだけは指揮監督権をもったことと対照的です。

そして、昭和二十九（一九五四）年の造船疑獄（政財官界に及んだ贈収賄事件）の折、犬養健《いぬかいたける》法相が佐藤藤佐《とうすけ》検事総長に指揮権を発動した結果、自由党幹事長の佐藤栄作は逮捕を免れることになります。だから、警察や検察にとって指揮監督、管理運営の問題は、戦後、非常にシビアな問題だったと言えるのではないかと思います。

後藤田の場合に特徴的なのは、この時期、自衛隊のもとになる警察予備隊の創設に携わったことです。警察予備隊本部長官に増原恵吉、次長に江口見登留《みとる》、組織の中心に当たる警務局長に石井栄三がつき、後藤田は「石井さんの下で警備課長になった」（上一〇七ページ）といいます。そして担当大臣には法務総裁の大橋武夫が、総隊総監には林敬三が就きます。

ここで非常に微妙な言い方を後藤田はしています。

「その中に冷凍中隊というのがある。これはわからなかったんです。何かなと思って聞いてみたら、戦死者の内臓を取って冷凍にして本国に送るんですね。火葬しない。文字通りこれは野戦に連れて行く予定ですよ。それで僕らも最初から、マッカーサーは、朝鮮で手こずっているから俺らをまた連れて行くんじゃないか、と思ったんですよ。吉田さんも疑われていたんじゃないかな。だから、絶対にご免だと、軍隊じゃないと頑張ったんですね。

その冷凍中隊については、僕がアメリカ側の担当課長のトーマス中佐に、『トーマスさん、あんたこれおかしいんじゃないの』と言ったんだ。『こんなもの日本にはいらんよ』と。そうしたらニヤッと笑って、『これはやめた』と言ってやめたんです。だからこれは最初から軍隊です」（上一〇九〜一一〇ページ）

後藤田は「吉田さんも」と言っていますが、越中島の警察予備隊の幹部を集めたときの吉田の挨拶を聞いて、次のように言っています。

「吉田さんのご挨拶があった。それで僕らも行って聞いていたんだけれど、チラッチラッと吉田さんが、警察予備隊は軍の萌芽であるといった意味合いのことを話すんだよな。吉田さんも、日本がいつまでも軍隊のない国ということは予想はしていなかったんだろうと思う。ただ、当面は国民の反発があるし、なんといったって国民に飯を食わせるのが第一だということですよ」（上一一〇ページ）

それで警察予備隊が変わっていくという話になります。

昭和二十年代の後半には、大須事件、吹田事件（いずれも大規模なデモ隊と警官隊が衝突した事件）などがあったり、破壊活動防止法ができたりする時代でした。そこで、裁判については次のように言っています。

「私は裁判批判はやりたくないんだけれど、昭和二十六、七年頃から昭和三十年代前半ぐらいまでを見ますと、残念ながら法秩序の維持にあたる人たちの腰が引けていたと思う。要するに無罪が多いんだよ。罪が軽い。逮捕してもすぐ釈放になる、繰り返しですよ。証拠の問題がもちろんあったと思いますよ。そう思うけれど、大衆暴動事件は、取り締まりの対象は大衆なんですよ。にもかかわらず、処理するときは、日本の場合は個人による犯罪を前提とした刑事訴訟法にもとづいての処理を必要とするんです。ひとりひとりの刑事責任を追及するわけですから。あの混乱の中で、誰が誰をどのような証拠で逮捕して取り調べたんだ、というところまではっきりしない限りは駄目なんです」。（上一二七ページ）

当時の警察の側からは、裁判批判があったということです。

「後手で必勝」

後藤田が警察予備隊から、国警本部の警備部警邏《けいら》交通課長になる直前の昭和二十七（一九五二）年、血のメーデー事件（皇居前広場でデモ隊と警官隊が衝突）に遭遇し、警察力の不足を痛感しています。

「警察力が不足なもので、使用禁止にしていた皇居前広場には配備が不十分だったわけです。それで、暴発してしまった。警察力にゆとりがないときの警備は、とかく予想以上の混乱に陥るということです。（中略）

教訓としては、なんといっても警察力の不足、それから装備不足、それから、平素の大衆行動に対する警察の部隊訓練の不足ということですね」（上一三〇ページ）

さらにエピソードとして、普通なら総理大臣がなんと言ったか気になるので、秘書官に聞いたと言っています。

「警察は何をしとるんだこのバカ、といって普通なら怒られるがな。だって進駐軍の車をみんなひっくり返して火をつけたんだもん。それから、お巡りさんなんかもずいぶんやられた。そうしたら吉田さんは、ニヤッと笑って、『日本人も、君、なかなかやるね』と言って、それで終わり（笑い）。これは非常に印象に残っている。あの当時の指導者というものは、進駐軍と絶えず折衝しながら国の再建をした。何というかな、堪え忍びながらやっていたということだ。それが、そういう言葉の端端に出て来るんだね。考えてみると、よくやった、ということだからね」（上一三〇～一三一ページ）

そこから後藤田は国警本部の警邏交通課長に戻ります。

「警察予備隊に満二年いましたから。今もそうですけれど、あの当時から普通のキャリアの役人はだいたい二年で移るようになったんだ」（上一三二ページ）

二年ごとに交替していくことがポイントだというわけです。後藤田はこのことに関連して、みずからの役人哲学を語っています。

「ポストを希望するということは、私は役人時代には一度もない。（中略）これにしてくれというのはないですね。自治省の時には、次官をやれというのを断った」（上一三二ページ）

こうして後藤田は警察に戻りました。そのあいだに二重橋事件（昭和二十九〈一九五四〉年一月、皇居で一般参賀者が将棋倒しになり死傷者が出た事故）が起き、このときも、警察が実態に慣れていないことが問題である、と言っています。それで「機動隊を作った」といいます。

彼はここで初めて明らかにしていますが、東京では、二・二六事件のときに特別警備隊があって、それを警視庁新撰組《しんせんぐみ》といい、その新撰組の隊長が岡崎英城だと言っています。その意味で、後藤田にはいろいろなつながりがあったのではないかという気がします。また、こういう警察を動かすときの基本原則についても、後藤田は語っています。

「警察全部がそうなんですけれど、受け身の行政ですからね。積極的に出ていったら絶対にいかんという基本原則を立ててあるんです。（中略）後手《ごて》で先《せん》を取れという教育なんです。軍隊は逆に先手《せんて》必勝なんですよ。警察は絶対に違うよと。後手で先を取るのと先手必勝とは違うよと。後手で必勝は情報だと。情報と情報の分析、それに対する評価、これによる準備だということで、警察というものは全部訓練している」（上一三七ページ）

「つまり射殺するということを警察はやらない。何をやるかというと、捕まえるということ、要するに逮捕ということが第一なんです。ところが外国は違うんだ。射ち殺すんだよな。あの拳銃は伊達《だて》じゃないんだからね」（上一三八ページ）

もう一つ、後藤田は警察の人事の話もしています。いわゆる国警警察と自治体警察という二つの警察組織があるという状態を変えて、新しく警察庁をつくるように制度を変えるわけです。

「こういう組織（警察の組織）というのは人事権が非常に重く作用するんですね。（中略）国家公安委員会は警察というもの全体を管理しているんですが、個々の事件に対する指揮監督権はない。警察庁長官を通じてしかない、ということにしてあるんです。したがって人事権は国家公安委員会が持っているんですが、その国家公安委員会は個々の事件についての指揮監督権はない」（上一四一ページ）

さきほども出てきましたが、ここではこういう言い方をして、ここが警察の自浄努力に任されているところだと言っています。警察法はそこで改正されて、全国一元化した形に変わることになります。

以上が、昭和三十年代に入るまでの後藤田の話です。

矢口式②
大局的に物事を見る

司法官と行政官の違い

ここで矢口のほうに話を移してみたいと思います。

矢口は復員してから、まさに新しくできた最高裁の下で仕事をし、司法官試補になり、司法修習生になるのです。このあたりのことについて、次のように語っています。

「特に偉くなる検事さんというのは、大体、法務省の経験者が多いわけです。実際の検察は、そうでない人たちがやっている。むしろ、それは、ある意味の対立関係にあるわけですね。ちょうど最高裁事務総局に対して、『裁判もしないで威張っている』と、若い裁判官が言っているでしょう。それと同じことなんです。（中略）

じゃあ、判事が役に立つかと言うと、これまた、あまり役に立たないですね。結局、一番役に立つのは、これまでなら通産省や大蔵省を出た人だ。大蔵を出た人を金融界に持って行けば、『先輩のためなら』ということになります。それから、通産で重工業を担当した人を社長とか専務にすれば、鉄鋼のことなら分かる。それは、

行政官が長い間、お互いに育て合ってきたからです。日本は、そういう社会だったわけです」（四九ページ）

そういう社会に対して、平成十一（一九九九）年から平成十三年の司法制度改革審議会の意見書は、〝それでは困る〟という内容になっています。そして矢口は、ここから司法のあり方を変えていくという話をしています。

「現に、今までの日本は法律に則《のっと》って物事をやっていなかったと言ったほうがいいぐらいで、だから裁判所が軽い存在であるのは、当然なんです。どうでもいいことだけをやらせていたんですから。それを、今度の意見書では変えようということです」（五一ページ）

矢口の話は、このようにすぐさま現在に飛ぶのも特徴的です。オーラル・ヒストリーに戻ると、司法官と普通の行政官が、どのように違うのかということを、矢口は語っています。

「例えば、高文行政科試験に受かって、内務省に採用されますね。大蔵省でもいいですが、本省の各局に配属になるのでしょう。属官《ぞつかん》〔最下級の役人〕ですね。これは判任官《はんにんかん》です。しかし、単なる普通の判任官ではない。どういう仕事をするかと言うと、高等官の見習いをするわけです。原則として、二年ぐらいやることになっている」（五一ページ）

「ですから、属官――大蔵属、内務属という判任官に採用するわけです。そうして、各局で『立法の手伝いをやれ』とか、いろいろなことをやらせて幹部職員として養成するわけですね。『通達の原案を書け』とか、『こういう通達の、ここを直さなければいけない。どうすればいいか』とか、『議員の問を回って、了解を取って来い』とか、『質問取りをしろ。質問に対しては、想定問答を作れ』とか、そういうことを全部やらせるわけですね。予算の頃になれば、『どうしたら予算を取れるか考えろ』と言われる。それは優秀な連中ですから、みんなそれぞれやれるわけです。それを二年近くやっている間に、彼らは大局的に物事を眺めていく力を持つようになってくるわけです」（五二ページ）

「〔ところが〕裁判所では、司法官試補というのは、本当に司法官試補なんですね。(中略)検事局では検事代理として使えます。(中略)ところが、裁判については、試補は何の権限もないわけです。裁判官の代わりに、法廷に出るわけにはいかない。それで、『傍聴しろ』ということで、法壇の後ろのほうにいる。(中略)行政官は、中央では二年ぐらい属官をやることになっているけれども、半年ぐらいすると、内務省なら県の警察部の警務課長にするとか、経済部の課長にするとかいうように、県に出して課長にするわけです。課長は高等官です。(中略)しかし、その司法官試補は、最初から高等官待遇なんですね。行政官は最初は属官ですから、判任官です」(五二〜五三ページ)

ここで矢口が言いたいのは、判任官からスタートしても、行政官のほうがはるかにいろいろな勉強をさせているからどんどん伸びていく、ということです。ところが司法官の場合は、偉くはなっているのだけれど、裁判に関しても何にしても実のところ、実務にはまるで携わっていないということです。

そこで矢口は最後の大審院長であった細野長良の問題について触れています。戦時中は、司法行政官が大きな力を持っていた、検事のほうが力があった。そこで司法省への対抗勢力として民訴学派が存在していた。この民訴学派が、最高裁判所の最初の長官の人事を巡って争うことになったと言っています。ここで、なぜ細野長良の話をしているのでしょうか。細野に対して批判的な言及があるわけですが、のちに矢口は新刑訴派の批判をします。そのときに自分の言い方は民訴学派の言い方に似ているかも知れない、それは避けなければならない、と言っています。ということは、おそらく細野たちの考え方のある部分を矢口は引き継いだということだろうと思います。だからわざわざこの話をしているのではないでしょうか。

「『あいつは、自分であまり裁判をしたことがないから、ああいうことを言うんだ』と言う。それは、その通りです。自分で朝から晩まで裁判していたら、良い考えは浮かばないですからね。裁判官はキャリアとして一生事件のことに真剣に取り組んで、四六時中、事件のことばかり考えているという。今度の量刑はどうしようか……。そんなもの、幾ら考えたって、死刑が妥当か、無期が妥当か、分かりゃせんんです。そういうことは、言ってはいけません。『お前は、ちゃんとできるのか』と言われると、『あれで良かったのかな』と思うことは、幾らでもあります。だけども、それはもう決断するより、ほかにない。それが裁判官の職責です。それを、

夢寐《むび》の間も忘れないなんて……。楽しいときは楽しみ、悲しいときは悲しめばいいのではないでしょうか」。（五七～五八ページ）

職業裁判官システムの限界

さて、矢口自身のキャリアについて話を戻しましょう。

彼は大阪地裁に行き、民事部で左陪席をします。そして昭和二十四（一九四九）年には、最高裁の人事局に行かないかと誘われて、行くことになります。そのとき、〝裁判第一主義〟の立場から、自分が所属していた裁判長からは、「司法行政に行くなんてとんでもない、断れ」と言われたといいます。しかし自分はそれに逆らって最高裁に行った、と言っています。そして大阪の裁判所の特徴について、次のように話しています。

「大阪地裁は司法行政を所長に委譲せずに、裁判官会議〔裁判所の司法行政事務について議論する合議制の機関〕に全てを保留していた唯一最後の裁判所でした。（中略）裁判官を幾らやっていても、予算もやらなければ、決算もやらない。予算等の支出計画も立てなければ、何もやらない。行政官がちゃんと全体を見られるように

なっていくのは、若いときからいろいろの部局で、そういう仕事をやるからなんです」（六〇ページ）

大阪地裁でも見よう見まねでこうしたことを自分はやってきたが、結局、大蔵省や内務省などの行政官のように全体を見てうまく仕事ができているとも言えないというのが、裁判所についての矢口の判断だろうと思います。裁判官会議ですべてをやるのは無理だ、ということは繰り返し矢口が主張しているところです。また、ここでも行政官との比較をしています。

「行政官は、仮に県の財務部長や財務部の課長になっても、また本省に戻って来ますね。外務省に出向しても、県庁に行っても、すぐ戻ってくる。だから、いいか悪いかは別ですが、地方の行政官と中央の行政官とは別なんです。中央官庁の行政官は、永久に地方に留《とど》まるわけではない。仮に地方に留まるとしても、地方の部長あるいは副知事ぐらいにはなって、その出身の郷里であるところで選挙に出るなり、公的な職業に就くなりして、ちゃんと収まる。しかし、裁判所にはそういうものは一切ないです。それを全国に二百ある支部に行けというのは無理です」（六一〜六

二ページ）

キャリア裁判官（職業裁判官）で動かしていくことには無理があると、矢口は繰り返し言っています。

「少なくとも判事補制度（判事補を判事の見習いとする制度）は要らないと思います。大学院で三年、法曹資格を取得して十年で、計十三年。だから、法学部を出て、大体十五年ぐらいは、裁判官にはしないほうがいいと思う。大学院卒業を前提にしますと、十年になりますが、最低十年です。大体十五年ぐらいがいいんじゃないかと思う。十五年ぐらい経った人を採ればいい。十五年経った人を採りますと、どうなりますか。二十五歳から十五年と言うと、四十歳でしょう。そうすると、五十歳、六十歳と、二期はやれますね」（六三ページ）

こういうシステムに変えなければいけないということを、彼は繰り返し言っているのです。

「司法は、その長い歴史の中で、『司法というものは、行政や会社業務とは違うのだ』ということばかり強調してきた。そういう『違っている』というような見方ばかりして、『特殊だ、特殊だ』と言ってきた結果、こんな特殊な人間〔裁判官〕ができた」（七〇ページ）

また、裁判についての話では、次のように語っています。

「通常の方法は、認定する事実に注目することです。事実の認定は、下級審〔高等裁判所、地方裁判所、家庭裁判所、簡易裁判所が行う審理〕の専権です。だから、『あの判例は、こういう事実の判例だ。しかし、この事件の事実は、この点が違う。非常に極端に言えば、あれは雨の日の判例だが、本件は晴天の日の事件である、従って、前者とは違うのだ』と書けるかどうかなんです。そういうふうにして書けば、判例違反にならないんです」（七一ページ）

こういう事実認定で迫ればよいのであって、法の解釈による法律論争で争っても無意味だというのが矢口の考え方の基本にあると言えます。さらに精密司法批判があります。これはいたるところに出てきます。

「精密司法というのは、何が精密司法なのか。裁判が精密なのか、検察が精密なのか、警察が精密なのか。検察は自分で決めるわけでもないのに、何で精密にしなければいけないのか、分かりませんね。先月（平成十三年六月）の沖縄米兵による女性暴行事件で、ちょっと問題にされていましたけれども、精密にやろうとするから、長い間拘留しておかなければいけなくなるんです。極端に言えば、事件が来たら、一応の取調べを経て、ポンと起訴しておけばいいんです。そして、裁判所が『無罪』と言ったら、『ああそうですか、良かったですな』と言って、弁護士と握手しておけばいいのではないでしょうか」（七三～七四ページ）

それぞれが「精密に、精密に」といって、事態を遅らせていることに対する批判につながります。裁判所全体の労働問題についてはこうも言っています。

「労働問題については、裁判所は労働者の味方だった。裁判所の中はどうだったかと言いますと、裁判所の中は、いわゆる職員組合が、したい放題のことをしていました。

裁判官は評論家なんです。一般職員を『自分の部下だ』などと思っていない。『俺は隣に座って見ているだけだ』と思っているが、見てもいない。そういうことは〔最高裁の〕事務〔総〕局がやることであり、〔裁判所〕所長のやることで、『俺は裁判をしていればいいんだ』と思っている。そして、何かあると、『司法行政を所長が勝手にやっている』などと言いますが、こういうときは無関心を装う。もし司法行政の責任を取るならば、組合との団体交渉の時に、裁判官は出て来なければいけないでしょう」（七八ページ）

裁判官は管理者意識が薄い。「何も分からないし、興味もない。ひたすら自分のことしか考えていない。だから、被治者なんですね。最後まで、治められる人間なんです」と非常に厳しい見方をしています。

事実認定だけで判決は簡潔に

田中耕太郎という二代目の最高裁判所長官についての話を聞いてみました。田中は内務省に入ったものの一年半で退官し、東京帝国大学で教鞭をとった学者でした。昭和二十（一九四五）年に文部省学校教育局長となり、翌年第一次吉田内閣で文部大臣を務めます。そして昭和二十二年参議院議員となったあと、昭和二十五年閣僚経験のある唯一の最高裁判所裁判官になった人物です。

「裁判所の中では職員組合から裁判官がいろいろ言われているんです。しかし、田中さんは超然として、〔専門である法哲学の〕世界法の理論を語っている。例えば『昭和二十六年年頭の辞』では、『ファシズムは清算されたが、これと同じ本質の極端な官僚主義、秘密恐怖政治、人間の奴隷化、文化の破壊において、ファシズムに勝るとも劣らない勢力である新たな形のインペリアリズム、赤裸々なマキャベリズムを以て装われた暴力によって民主主義と平和主義の世界を刻々と浸食しつつある。人類社会の危機、これより重大なるものはない』と、こんな調子です。（中略）今、こんなことを言ったら、翌日、大問題になります。でも世界法の理論の田中さんが言うと、何か当たり前のように聞こえる。田中さんは、超然としておられた。事務総局も田中さんの指揮を仰いで、その意向に添って事を処理しようなどという気はない。田中さんの御守は秘書課長だけに任せて、みんな全然関係ないような顔をしている」（七九〜八〇ページ）

「統治しようがないですよ。だって、学者の世界から来られて、内部のことはほとんどご存じないから、統治できません。（中略）田中さんがお辞めになって、後任は横田喜三郎さん。横田さんと田中さんの引き継ぎの問題は、私は判事補の下っ端ですから、何も分かりません。分かりませんが、考えてみますと、田中長官の定年がいつであるかは、はっきりしていますから、相当前に横田さんに、『後は、君がやれ』と言って、十分相談をされて辞められたと思います」（八〇ページ）

これらはすべて、「東大法学部主体の人事」だと矢口は言っています。

そして彼は昭和二十八（一九五三）年に横浜地裁に行きます。横浜地裁での話は非常に具体的に語っています。

「〔ある事件の審理で〕一人だけ病気をしたか何かで分離しまして、残りの人たちに判決を出したんです。結論としては、母親と子供は実刑、残りは撃った友人も含めて執行猶予にしました。ある意味で、有名な事件だったので、新聞記者が判決言い渡しの前にやって来て、『判決要旨をくれ』と言う。『判決要旨なんて、ない』と断りました。判決は、『被告人は、ほか何名と共謀して、何月何日、どこどこで、誰々を射殺した』と、それだけです。そんなもの、ゴタゴタ書くことはないです。だから、判決要旨は作りようがなかったのです。後年、刑事局が、『あれは、簡易な判決の走りだ』と言っていました」（八四〜八五ページ）。

「事実認定で勝負をしたわけです。中止未遂と認定したんですから、法律の解釈は間違っていません」（八五ページ）

ここで明確に矢口の考えが明かされます。矢口判決というのは、理屈を言うのではなく、事実認定だけして、それを法律に当てはめたらどうなるかということを簡潔に書くということです。「事実認定はゴタゴタしておいて、理屈でやろうとするから摩擦が生じる。事実認定でやられたらどうしようもないです」と言っていて、結局、事実認定でやらないで、法律論、理屈でごまかそうとするから、上級審でひっくり返されたりするというのです。

刑事裁判官に対して矢口は批判的で、次のような言い方をしています。

「世の中というのは、そんなに簡単なものじゃないです。裁判所の世界は、一見、そういう渦のない世界のように見えるだけに、始末が悪い。かえって渦のある世界だと分かれば、みんなそのつもりで見るわけです。『派閥が幾つもあって、血みどろの争いをしている』と言うんだったら、そのつもりで派閥に入る。しかし『裁判所には派閥がない』と言って、一つの派閥だけがある場合には、その派閥は無茶苦茶をするんです。そういう意味で言えば、裁判官というのは、結局、世間知らずで、正直過ぎて、『おぼこい』と言いますかね。だから、キャリア・システムの限界を感じざるを得ない」（八六ページ）

これはこの後に出てくる新刑訴派のことを言っているのだと思いますが、新刑訴派を追放した後は、本人は否定はしていますが、矢口さん自身が矢口派になってしまいました。その矢口派がいまや追放されて、新しい状況になっている中での彼の一連の発言であるということになります。

昭和二十九（一九五四）年、矢口は最高裁判所事務総局民事局付になり、最高裁にもう一度入ることになります。これまでにもしばしば出てきた事務総局とは、最高裁の事務を行うところで、事務総長をトップに、事務次長、審議官などのほか、秘書課、広報課、情報政策課、総務局、人事局、経理局、民事局、刑事局、行政局、家庭局といった局と課が置かれています（一八ページの組織図）参照。

昭和三十年代の十年間、彼はずっとこの事務総局に在籍していました。最後に人事局長を経て、事務次長までやるわけですから、ほぼ二十年間、最高裁事務総局にいたと言ってもよいでしょう。

具体的に言いますと、昭和二十九（一九五四）年に民事局付、昭和三十一年に民事局第二課長、昭和三十三年に経理局主計課長、翌年総務課長兼営繕課長、その三年後の昭和三十七年に営繕課長、同年制度調査室長、昭和四十三年に民事局長兼行政局長、そして二年経って人事局長。昭和四十年から三年間地裁判事に戻っていますが、お膝元の東京地裁です。次に局長で帰ってきて、昭和五十一年に最高裁事務次長になり、あとは十年間、最高裁判所の判事から長官になる道をひたすら歩んでいく。その点で、ほとんど地方に出ていないというキャリアになっているわけです。ですから、ここから後は、ほとんど最高裁の中の話になっていきます。

後藤田式③
任期はどんどん短くする

出世の鍵は会計課長と人事課長

ここで再び後藤田のその後を見ることにしましょう。

彼は昭和三十（一九五五）年に警察庁長官官房の会計課長になって、その後の警察庁長官につながっていく出世のパターンを昇っていきます。このオーラル・ヒストリーの中で後藤田も語っているように、警察の中での出世の鍵は、会計課長と人事課長であり、この二つを務めた者が官房長になるということです。大官房長制と小官房長制があるそうですが、警察庁は当時、小官房長制をとっていたと言います。後藤田は、小官房長制の官房長を務めた後、警備局長になり、次長になり、警視総監か警察庁長官になるという道が開けていると言っています。昭和二十年に後藤田が会計課長になったのは、彼のキャリアの中で大きなステップになったと見ることができると思います。

そういう中で後藤田は、警察力の人員の増加を行うことになりますが、それはすでに昭和三十二（一九五七）年から始めています。

「このとき私は会計課長だった。そして新井裕《ひろし》さんが人事課長だった。このときは、八千四百人増やしている。手元にある資料には、人員増は『理由不明』と書いてある。三十三年は十名減員となっている。これも『理由不明』。それから後は、三年計画で四千、二千五百と、ずっと増やしていった。（中略）自治庁との争いでした」（上一四六ページ）

六〇年安保が近づき、人員を増やしていくことがポイントになっています。

「軍隊と警察は基本的にどこが違うかというと、軍隊の目的は敵を圧倒殲滅《せんめつ》することなんです。そのためには何がいちばん大事かというと、所望の時期までに、所望の地点に、所望の兵員と武器弾薬をどれくらい長く送りつづけることができるか、ということです。つまり、縦深の戦力ということ。これが軍隊の特色なんです。ところが、警察というのは、縦深戦力はゼロなんです。十一万数千名の警察力であるならば、まさに十一万の警察力しかない。したがって、事案が一週間続き二週間続き、三週間、一カ月と続けば続くほど、毎日、毎日警察力は低減していく。それをどのようにうまく運営をするか。大体は、どこの国でも軍隊が出ていくんです。日本の場合だと自衛隊が出ていく。（中略）自衛隊は警察の『支援後拠』となって治安の維持に協力するということです」（上二四八ページ）

人を増やすと人の使い方がルーズになる

後藤田が昭和三十年代に考えていたのはこのようなことです。

「安保のときは本当に警察力不足を痛感したということです。警察官の犠牲者も多かったんです。本格的に増員にとりかかったのは、さっき言ったように、私が会計課長だったときだ。そして人事担当が新井裕さん。この人は、福島県の警察本部の警察隊長の時に事件〔平《たいら》事件＝平市警察署が群衆に占拠された事件。松川事件＝旧国鉄松川駅付近で起きた列車往来妨害事件。いずれも昭和二十四（一九四九）年に起きた〕に遭遇して、えらい目に遭っているんです。だから、これはいかんということで、この二人で協力しながら取り組んだわけです。二人でやったといえば、他の人は怒ると思いますよ。しかし、この二人が中心でやった。この二人がともに長官となって退職するまでに十数年かかっているんですが、その間ずっと増員してきたということですね。それで、現在は二十一万人の体制になった」（上一五〇ページ）

さらにその後、後藤田が政治家になってから発言している問題点は、次のようなことです。

「人を増やすと人の使い方がルーズになるんです。そして、お互いのもたれ合いが始まる。『だれか警戒しているだろうと思って、誰もやっていないといったようなことがあるから、これはあかんよ』と厳しく言っていますけれどね」（上一五一ページ）

ここで再び内務省の流れについて触れています。

「敢えて言うと、地方局の方は考え方が理論的で緻密なんです。そして法律的にやかましく吟味をする傾向の人が多かったと言えますね。

警保局の方は、物事の考え方が常識的です。警察の幹部に適格か適格でないかという判断はいろいろありますが、いちばん大事なことは、物事を考えるとさに非常に常識的で、バランス感覚がないと駄目なんです。やはり警保局の人はどちらかというと、物事を考える際に常識的でバランスがとれていた。悪く言うと政治的な判断をする場合があるということではないですかね。（中略）

だから例えば警察庁の長官で言いますと、初代が斎藤昇さんですね。後に運輸大臣、厚生大臣をやりました。あの人は純粋な地方局です。それから二代目が石井栄三さん、これは純粋な警保局。私は三十二年の官僚生活のうち十八年の警察経歴があるんですが、そのうち九年間はこの石井栄三さんに使われています。それから三代目が柏村信雄さんです。この人が地方局、財政系統の人ですね。そのあとになったのが、江口俊男さんです。この人は地方局です。江口さんの後を受けたのは新井裕さん、これは警察です。そして、その後を受けた六代目の僕が両生動物ということですね」（上一五二～一五三ページ）

「会計課長のときは、増員もやりましたが、いちばん力を入れたのは、言葉はおかしいんですが、警察の科学化ということだったんです。これは装備の充実です。そのひとつは、全国の通信網の整備だったんです」（上一五六ページ）

次に、彼自身の回想で一番大事なところがあります。

「警察庁の会計課長というのは、対大蔵省との折衝においては色濃く旧内務省時代のしきたりが残っていた。だいたいほかの役所は、大蔵省の力が圧倒的になるので、予算の折衝は主計官相手の段階から、各省の局長が折衝していた。その最終の詰めの段階に入ってくると次官折衝をやって、大臣折衝へといくわけですね。ですから、予算折衝の中心は局長クラスなんです。ところが旧内務省の時は、局長は動かないんです。ぜんぶ会計課長がやる。

その習慣が残っていまして、警察庁の会計課長は警察の予算全体を、長官折衝の前の段階まで全部やっちゃうんですよ。局長はほとんど大蔵省に行かない。それだけ会計課長の地位が、よその省より重いし、同時に登竜門でもあったんです。普通はどこの役所でも人事課長というのが登竜門として重要ですね。ところが警察庁の場合は、先にお話ししたように、人事課長と会計課長が最も重要な課長ポストで、将来の登竜門になる。ここで合格すれば偉くなるし、不合格ならそれまでといったような立場ですね」（上一六一〜一六二ページ）

会計課長が最終的な折衝のところまで見込んで折衝していくわけですが、そこで初めて官僚として、大蔵官僚や、自分たちのバックにいる政治家ともつき合うことになるわけです。

「政治家との関係が深くなってくる。というのは、日本の行政全体の運営は、本来、政治のコントロールのもとで、役所がその枠の中で動くというのが基本ですよね。ところが実態を見ますと、役人がだいたい土俵を決め、中まで決めてしまって、政治がそれを追認するといった考え方が当時の主流だった。これもだんだん今は変わりつつあることは間違いありませんけれどね。（中略）

警察庁に関係のある政治家は、国会では衆参両院の地方行政委員会の委員なわけです。といっても、予算の折衝に野党は関係ありませんから、会計課長はもっぱら自民党の委員と折衝します。それから、自民党には国会の委員会に対応して地方行政部会というのがあり、さらに治安対策特別委員会がある。それで、予算はどのように出来るかと言うと、警察庁が原案を作って自民党の関係議員と折衝して了解してもらう。自民党との折衝ですね。（中略）

それからやはり党の三役です。特に政調会長と幹事長、これには十分説明して、最後にいよいよというときには、三役に飲み込んでもらわないと最後の戦いができないわけですから、どうしても政治家との接触の範囲が広くなってくるということですね」（上一六二～一六三ページ）

このように、政治家との関係が深まっていくことは大きなことだったと思います。

予算折衝の中で出会った田中角栄

その中でどのように警察の中立性を保つかが、次の問題になってきます。

「長官はなんといっても警察の中立を守らなければなりません。といっても議院内閣制で自由民主党が政府を作っているわけですから、そこで長官は、行政と政治の接点にくるわけです。他の省庁の次官とは違って、長官だけは中立がいちばん大事なわけですよ。だから長官をあまり政治の渦の中に巻き込まないようにしなければならない。それを警察の会計課長なり、警察の官房長は頭に置いておかなくてはいかん、というところがほかの役所と違うところです。それだけに会計課長の責任が

非常に重いということが言えるんじゃないでしょうかね。（中略）

会計課長をやると、だいたい警視総監か警察庁長官のどちらかになるんですよ」

（上一六四～一六五ページ）

ここでも警察におけるキャリアパス（出世の階梯の典型的昇り方）がはっきり述べられています。このように政治家との関係が語られる中で、田中角栄の話が出てきます。

「ですから、警察のことについては、僕らの当時は、会計課長が政治との関係ではいちばん深くなった。その中で田中角栄さんとの関係が深くなったことは間違いありません。（中略）

人脈はそれぞれ人によって違う。（中略）ただ、そういう関係が発展してそれぞれの人脈になることが少なくない、ということです。（中略）

だから、僕は田中角栄先生の子分だと今でもいう人がたくさんおりまして、まさにその通りだけれど。説明して陳情するときに、あの人ぐらい早く中身を飲み込む人はいない。理解が早い、そして即決する。わかった、と言ったら必ず実行してくれている。それで難しいことになると、あの人は、できない、とは言わないんだね。

『それは後藤田君、難しいぞ、しかしやってみるわ』と言う。それでやってくれる。あの人は見通しが確かなものだから、難しいぞ、というときはできないことが多い。できることもある。必ず努力してくれる。そして必ず結果の報告が事前にある。この人ぐらい頼りになる人はなかったね。

普通の代議士というのは、警察あたりの幹部が陳情すると、だいたいみんな、『わかりました、一所懸命やります』と言うんだよ。でもやらない。田中さんというのはそこが他の人とは違ったね。『よしわかった』と言うときはできるということですね。それから、『難しいぞ』というのは努力するけれどできないかもしれないということですね。この判断がこれくらい早い人はいないし、そういう点についての正確さがある」（上一六六〜一六七ページ）

後に後藤田が、田中内閣の官房長官になっていくことまで含め、ここにはそれらが示唆されていると思います。

「それで田中さんとは、昭和二十七年、私が国警本部の警邏交通課長時代に交通の予算で会ったのがきっかけで、会計課長になってから本格的につき合った」（上一

七〇ページ）

田中角栄が頭角を現すのも早いし、予算の関係で後藤田とのつき合いが始まったのも早い時期であったことがわかります。会計課長になったことが、後藤田の力になっていることが印象的です。

任期を短くルーティンで回す

その会計課長を四年ほどやったあと、彼は自治庁に呼ばれることになります。昭和三十四（一九五九）年に自治庁の官房長、そして翌年に税務局長、さらに昭和三十七（一九六二）年に警察庁に戻るまで、三年間、彼は自治庁に行くことになります。

「僕が自治庁に呼ばれたのは、先行きの次官の人事までにらんでいたんだな。（中略）『行くのはいいですよ、だけどいつでも帰してくれますか』といった。すると、君のいいときに帰すから、と言うから、それなら行きます、と言って、いとも簡単に行ったわけだ」（上一七八ページ）

結局、自治庁（昭和三十五年、省に格上げ）の官房長、税務局長の仕事の中で、彼は地方、大蔵省、特に税務関係の勉強をして、そこでの視野が広がっていくことになります。このときが、彼がおそらく最も勉強した時代だろうと思います。
そして自治省で次官になれというのを断って、警察庁に戻ってきて、官房長になるのが昭和三十七年です。翌昭和三十八年には警備局長になり、昭和四十年に警務局長になります。そのときの彼の考え方は次のようなものでした。

「戦後、今日まで警察を運営していく基本的な考え方を申しますと、ひとつは、『セキュリティ・ミニマム』ということです。（中略）
ですから、警察の人員と装備については、犯罪現象の態様からみて、ミニマムに止めるべきであるという観点に立つわけです。（中略）
それから、装備としては機動力は持たせる。（中略）
その装備、機材を運用して、どこまで警察はやるかということになりますと、専門語で言うと、『警察比例の原則』ということをやかましく言っていたわけです。要するに、相手方の対応によって、最小限の警察力しか使わない。圧倒・殲滅ということはしない。（中略）

その根底に、警察としては絶対に自衛隊を使わないという大原則を立てていたんです」（上一九九～一〇〇ページ）

「警察が守ってきた三番目の原則、それは『警察の中立性』ということだったんです。（中略）そこで、政治権力と絶えずぶつかりがあるのは人事なんです。人事には、時の政府の関与を許さんと。そうすると、これは警察独善になるんです。長官というものは、自分で進退を決めなければいけない。そうなるととかく長くなり過ぎるという弊害を生んだことは間違いない。

そこで、私どものときからは、警察庁長官はいくら長くても三年で、警視総監はもう少し短くてよろしい、だいたい私は二年交替だといった。そうすると各年次役人を採用していますから、特殊なポストで重要ポストは長官と警視総監の二人ですから、そのどちらかで回転しますね。ある期からは長官も総監も出ないというのは具合悪いですからね」（上二〇一～二〇二ページ）

こうして、一つのポストにいる任期を短くすることによって、ルーティンで回していくようにするというのが後藤田の人事についての考え方です。日本の警察は、地方局系統とか警保局系統などがありましたが、後藤田を最後にしてそれが消えると言っていますので、そこで任期をどんどん短くしているわけです。しかもこれは定年制があるポストではないので、自分でどのように任期を決めて辞めていくかということが非常に重要なポイントになります。

矢口のほうで裁判所の問題が出てきますが、裁判所の場合は、最高裁判所まで行けば七十歳、普通の裁判所の場合は六十五歳という定年がありますから、行政官庁、特に警察などとは組織運営の仕方が異なってくるということです。

さらに言えば、後藤田の言い方は、戦後の内閣法制局長官のあり方とやや似ているところがあると思います。戦後初期の法制局長官、佐藤達夫、林修三、高辻正己は七〜八年やっていました。それではとても人事が回らないということで、短くしようと考えます。後藤田官房副長官の相方であった吉國一郎法制局長官の時から、それをとにかく四年に縮めたと言っています。後藤田にしてみれば、四年でも長いということになるでしょうが、任期を短くすることによって自動的に回転していくシステムを作ろうとしているということです。特に、定年がない部署についてはそういうことを狙っていたと言えます。

逆にいうと、権力の頂点にいる期間は本当に一年か二年ということになります。これは、組織全体で中立性を守りながら、組織の活力を保っていくことを、それによって保障しようという狙いがあったと思います。それが、成功したかどうかはよくわかりません。後藤田は、このオーラル・ヒストリーを実施した一九九五年の段階で、八〇年代後半から九〇年代に入って、警察に対して政治的な閥《ばつ》があったり、警察力の使用に関して、使わないでやっていくという方法がだんだん崩れてきているとしばしば言っており、そのことを後藤田自身が認識していたと思います。

法制局のほうは、任期が短くなれば、そこに長官としての独自のリーダーシップや独自の識見を発揮する場所はなくなってしまいます。吉國のように、ある程度慣れている人たちの時代のほうが、いろいろな意味での影響力を行使できたということは間違いないところです。組織そのものにとっては最終的にどちらがよかったか、二律背反的な結論になるような気がします。

矢口式③
外に出て人脈と見聞を広げる

新参謀が作ればいい案が立つ

それでは最高裁判所のほうはどうなっていたか。ここで再び矢口のオーラル・ヒストリーに戻ることにしましょう。

矢口は最高裁事務総局の民事局付になっています。最高裁事務総局の中での彼自身の働きについてポイントになる話が次々と出てきます。

「不思議なもので、全国裁判官会同をやるでしょう。全国の裁判所から問題が出て来る。それは、裁判官が日頃悩んでいる事件の問題点であることが多いかも知れません。ところが、局付が四、五人で議論していますと、それはいい結論が出て来るんです。不思議ですね。自分でも、どうしてこんなにうまい答えが出て来るのかと思う。一人では、どうしても出て来ないんです。それじゃあ、地裁の合議体なら出て来るかと言うと、出て来ないんですね。あれは、どういうわけですかね。まあ、局付で来ているのは、若いけれど、そんなに悪い者が来ているわけではないということかも知れません。軍隊で言うと――そういうことになるのかどうか分かりませんが――連隊長、旅団長、師団長、軍団長というのは、長年トップを歩いてきた人たちで、参謀なんかの経験も十分持っている人たちです。けれども、さて今回の作戦計画ということになると、それはやはり少佐とか中佐ぐらいの現役の参謀連中が集まって――新参謀が案を作れば、いい案ができるんです。しかし、師団長が作ったのでは、駄目だ。どうしてなのか分かりませんが、そうなんです」（九五ページ）

局付として来た人が、いろいろな問題点を小突き回しているうちに、非常にいい案が出てくるという話です。これは裁判官会同の正式な場ではそんなことはできないし、裁判官の普通の合議でも出ないし、単なる判例評釈をしているときにも出て来ないけれど、意外にも局付の人とのディスカッションの中で出てくるということは、矢口が強調するところです。

「一つ一つ個人的に考えている限り分からないことでも、『じゃあ、会同の準備しようか』と、みんなで集まって何回か議論しますと、非常にいい答えが出るんです。だから、『当局のご意見は、どうだ？』と訊くのは、当たり前なんです。当局と言っても、実質は下っ端の、自分たちより、よっぽど若い未特例判事補〔判事補になって五年未満の裁判官〕なんかの意見なんですがね。
　これは、どういうものでしょうかね。（中略）だから、詰めていくと、裁判官というのは独立している。しかし、その独立した裁判官は、本当に決まったことを、決まった通りにしかできないんじゃないか。もちろん決まったことを、決まった通りにやらなくても困りますね。人によって、無茶苦茶になっても困るんです。ですけれども、独立しているとかなんとかということから良い考えが生まれて来るのではなく、民事局の意見には、『なるほど本件には適切である』と思うような意見が多いのです。それは、上を見て仕事をしているというものではありません。もちろん、東京や大阪の特別部の裁判長なんかを長くやっている人は、それはまた違いますけれどもね」（九五〜九六ページ）

矢口は「局付で議論すると」という部分をやや敷衍してこうも言っています。

「行政官が属官で入って、大学を出たぺーぺーで、もう本当に訳の分からない者が、翌日から、『法案を作れ』『予算案を作れ』『国会議員のところへ行って、質問を取って来い』『想定問答を作れ』と言われる。それと同じことです。（中略）それだけのことだった。しかし、局付をやった人間のほうが、幅が広くなる。それは、不思議なものです」（九六ページ）

矢口は、常に一般の行政官の人材の育成のされ方を横に置いて、それとの比較で見ていることが、ここでもはっきり出ています。

矢口がここで言いたいことは、最高裁の事務総局が当局の権力意思に従わせようと思って判決を全部指導しているのではない、ということです。現実に問題点が出てきたら、それを局付が話し合うことで解決を見出そうとするのは、まさに行政官庁では普通に行われていることではないか、それと同様に、そこで最も良いアイデアが出るのでそれを会同で披露すれば、それが受け入れられるのは当然で、強制的な押しつけではないというのが、このときの矢口の主張だろうと思います。

「誤」判例集が新しいアイデアを作る

民事局の仕事として毎月、『下級裁判所民事裁判例集』を編集して、刊行していたといいます。これについて矢口は「誤《ご》」判例集を作る、という言い方をしています。

「[これは]局付が選択をしていました。(中略)会議をやって、『これだけ載せよう』というものを決めて、刊行していたんです。

そういうふうにして作りましたが、編集した連中が異口同音に言ったことは、『これは「誤」判例集だ』ということです。本当に良くできた判決で、しかも通説通りで、事実認定も上手に書いてあるものは、載せようがないんです。載せたって、参考にならないんです。当たり前のことを、当たり前に書いてある。『金を借りたら、返せ』と書いてあるだけです。しかし、『千円借りたけれども、五百円しか返さなくてもいい』と書いてあると、それは問題になるわけです。じゃあ、あとの五百円はどうなるんだ、と」(九三〜九四ページ)

「誤」判例を集めたものが、新しいアイデアを作っていくというわけです。

また、民事局にいるときに矢口がやったことは、国税徴収法と強制執行法のあいだに橋を架ける法律を作り、強制執行法そのものを改正したことです。後藤田が会計課長をやっているあいだに人脈と見聞を広めたのと同じように、矢口にもここで大蔵省の折衝相手が出て来ます。大蔵省の折衝相手は主税局税制第一課長の塩崎潤、主務課長たる税制二課長は吉國二郎で、こういう人たちと幅広い議論をすることによって、人脈と見聞を広げていったのです。
最高裁事務総局の中の各局については、次のように言っています。

「民事局、刑事局の仕事をずっと見てみますと、局とは言いますが、まともな各省の局と同じようにお考えになったら大間違いです。各省の局長というのは、独立王国でしょう。（中略）大臣の言うことも、なかなか聞かない。『やるなら、やってみろ』ということでしょう。

行政官庁の局と似たことをしているのは、強いて言えば家庭局です。家庭裁判所というのは、判決裁判所ではないですからね。非訟《ひしょう》事件（民事事件の中で通常の訴訟手続きによらないもの）裁判所でしょう。実質は、行政庁です。行政庁なら、通達行政ができるはずです。だから、その気になれば、『こういう事件は、こういうふうにやれ』と、指針を出せるはずです。（中略）

どうしても無視できないのは、人事局と経理局です。人事は無視できないですからね。裁判をやっていると、最高裁の裁判官がそうであるように、人事なんかできっこないです。しかし、『あれは、いい男だが、これはどうか』というようなこと

は、大体分かりますからね」（一〇〇ページ）

最高裁事務総局の局というのは、行政局のような働きとは違うと言っています。刑事局、民事局は全然別にあって、家庭局だけが行政局に馴染《なじ》むものであり、人事局、経理局というのはそれぞれ、人事は人事担当、経理は外と予算関係の折衝をしてくるという意味の局であると言っています。

政治折衝をやりきるだけの力

昭和三十三（一九五八）年に矢口は事務総局経理局の主計課長に、翌年には経理局で総務課長兼営繕課長になります。ここで大蔵省折衝について語られますが、後藤田の言う、警察庁の大蔵省折衝とはまた違う形が出てきます。

「〔大蔵省との折衝では〕相沢英之さんとか、谷村裕《ひろし》さんとか、いろいろな方と知り合いました。ただ、主計課長を一年やった私の感想を申し上げますと、裁判所は本当に世間知らずの役所だなということです。

予算折衝をやるでしょう。そうすると、最後に大臣折衝になるわけです。その大臣折衝に当たるものが、裁判所では事務総長が担当します。行政官庁は、大臣同士がやるんです。ところが、こちらは政治的な折衝ではないので、このようになるのです。行政庁の概算要求は大蔵省に対するものですが、裁判所は三権分立の建前から、内閣に要求することになっています。だから、本来は総理と長官がやらなければいけないんです。それが、大体、事務総長で話が付く。要するに事務的な予算で、政治的なものがないからということでしょう。（中略）

裁判所の予算は、細かい経費から積み上げていくわけです。それは、係長クラスの折衝から始まります。それで一般の事務的な経費は、どんどん確定していきます。ところが、主計課長が向こうの主査と交渉し、経理局長が主計官とやるというときに、事務総長や事務次長が局長に権限を与えないんです。分かりやすく言うと、『決定的なことは、みな俺たちがやるから、話だけして来い。決めてきてはいけない』ということなんです。折衝というのは、権限があるからできるわけです。ただの伝声管だったら、交渉ではありません。しかし、決めさせない。裁判所というのは、独立して、誰にも煩わされないというところからくるんですかね。相手は、『じゃあ、決められる人を出してください』ということになる。（中略）

それでは、そういうふうにして事務総長や事務次長が、最後の折衝のときに、十分交渉して決めてきてくれるかと言うと、これが内部でそんなことを言っている人に限って、何も言わない。それは言えないですよ、日頃やっていないんですもの。過去において、裁判所というのは、そういう折衝をやったことがないんですもの。ある次長が、『俺が決めて来る。君たちは、一切決めてはならない。先方の言い分を聞くだけ聞いて来い』と言われました。そうして、最後に、主計局次長と折衝された。そばで聞いていたら、いや、もう何もおっしゃらない。『有難うございます』としか言われない。（中略）

折衝というようなことは、裁判所は本当にできないのではないか。これでは法廷の主宰だって、できっこないとも思います」（一〇二ページ）

ここは非常に形骸化していて、出て行く相手が、大臣折衝とか政治折衝がほとんどないし、あったとしても、政治折衝をやりきるだけの力が、もともとこういう訓練のない最高裁判所の事務総長とか事務次長にはできないという、一種の告発めいたことを矢口は言っているわけです。

いい裁判官とは

主計課長の次に矢口は総務課長になります。

「総務課長というのは、いろいろなことをやりますが、要するにそれだけのことです（笑）。大体、総務課長というのは、少し大げさに言えば軍務局長なんです。軍務局長には、いわゆる専門の所管事項なんてないですよ。装備局長とか兵務局長とかには、いろいろな専門の所管事項があるでしょう。しかし、軍務局長というのは、何もないですもの」（一〇四～一〇五ページ）

「私は、そのほかに営繕課長を兼務しました。（中略）昔から営繕にはいろいろ問題がありまして、『とんでもない建物をつくる』と言われていた。（中略）

裁判官たる局長とか課長とか、いろいろな人が折に触れて、『裁判というのは、こういうものなんだ。こういうふうな法廷が望ましいんだ』というようなことを、技官〔裁判所庁舎等の設計などを担当する営繕技官〕に吹き込むわけですね。技官は、自分では分からないから、施主の気に入るようなものをつくらなければいけない。そこで、一所懸命、『裁判官は、こういうものをつくれ』と言っているのだろうと考え抜いて、つくったものがそれなんです。裁判官が、如何に極端なことばかり言

っているかということです」（一〇五ページ）

裁判官が怪しげなことを言うので、わけのわからないものが建つという話になります。地方の裁判所というのは、三権分立の建前から言えば、当然地方の県庁と同じだけの偉容を誇ってもいいんですが、結局そうは思われていないので、半歩遅れ、一歩遅れだということを言っています。地方裁判所の建物、高等裁判所の建物、そこにおける物の回り方がまずい、という話をしています。ここで矢口が言っていることを補足するとこういうことだと思います。

確かに裁判所は戦後は、三権の一つとして独立してしまった。しかし警察では戦前の内務省のやり方を継いでいて、会計課長が力を持っている。いかんせん裁判所ではそれが切れてしまって、最高裁判所として独自の予算折衝をやるところが全くできていない。だからそれを普通の行政官庁の人間と同じような意識を持ちながら、人脈や知識を広げていったという彼自身のプロセスが語られているのです。

「最高裁の建物は、コンペティションをやりました。（中略）

県庁なんかでは、和文タイプが揃っていて、みんなタイプで打っているのに、裁

判所ではタイプが買えない。タイピストもいないから、裁判官が書かざるを得ないだけのことなんです」（一〇六ページ）

また裁判官をどう評価するかということについて、矢口は次のようにはっきりと言っています。

「学者の間では、『ああ、こういう業績がある、こういうものもある』というのを出して欲しいということがあるでしょう。裁判所には、ないんです。出ないほうがいいんです。書かれたら困るんです。裁判官というのは、判例集にも載らないし、何にも載らないで、事件を溜《た》めないでやっている裁判官が、一番いい裁判官です。だから、全然違います。そんなところで、『飛び抜けていい』と書かれたら、飛び抜けて悪いところがあるんです。だから、勤務評定されているなんて、あまり思わなかったでしょうね。

それで、実際問題として異動計画を立てたりするときには、現実に、そこにいる人間ならそんなものを見なくたってできます。書いてあることを見て分かるのは、所属の所長と、所属の高裁の事務局長と、せいぜい高裁長官です。高裁長官も、よそから来るから、ほとんど分からないので、『ああ、これか』ということになる」
（一〇七～一〇八ページ）

戦前の俸給スタイルを変える

昭和三十七（一九六二）年に臨時司法制度調査会ができて、矢口は営繕課長から総務局制度調査室長に移り、臨時司法制度調査会の事務局参与を務めることになります。この臨司の事務局参与になったことで、矢口は裁判官について、行政官僚との相関関係において考えるという視点を強めることになりました。彼は内閣の中枢部に行きます。

「『臨司』は内閣に置かれていたから、事務局は総理官邸の一室に設けられました。（中略）あとでは、総理官邸の奥の中庭に、官房長官官邸と首席参事官官邸でしたか、二つの木造二階建てがあって、そのうちの官房長官官邸を事務局で使うことにしました。（中略）

会議は、今は内閣府になりましたが、道を隔てた総理府の二階の会議室を使いました」（一一五ページ）

そこにも警察庁や大蔵省から出向で参事官がやってきて、そういう参事官と一緒に仕事をすることになるため、矢口の仕事はきわめて行政官僚的になっていきます。

そこで矢口は、臨時司法制度調査会の幹事、委員、事務局の名前を挙げています。幹事は日弁連の事務総長経験者・若林清、裁判所からは総務局長・寺田治郎、法務省からは津田実が来ており、大蔵省の大原一三《いちぞう》、法務省の安原美穂《よしほ》が関係していたと言います。また、「委員は、衆議院議員四名、参議院議員三名、裁判官・検察官・弁護士から各三名、及び学識経験者四名、合計二十名で委員会を構成していました」として、衆議院議員の小島徹三、瀬戸山三男、猪俣浩三、坂本泰良、参議院議員の後藤義隆、亀田得治《とくじ》、裁判官からは五鬼上堅磐《ごきじょうかきわ》、石田和外《かずと》、鈴木忠一、検察官からは馬場義《よし》続《つぐ》、長部謹吾《おさべ》、弁護士から島田武夫、長野国助、山本登、学識経験者として我妻栄《わがつま》、今里広記《いまざとひろき》、阪田泰二、鈴木竹雄などの名前を挙げています。それで我妻栄が会長になって、議論したということです。ここで歴史的な経緯を語っているところは、注目に値します。

「戦前の、ある時期から、行政官と司法官は同じ高等試験で、行政科を受けるか、司法科を受けるかということで、同格の試験を受けて高等官になる。だけど実際、当時の役人の花形と言えば、やはり大蔵官僚とか内務官僚でしょう。内務官僚で、どんどん偉くなっていく人たちと、裁判所をぐるぐる回っている人たちとが、同格の試験を受けて、同じものだと言っている。幾ら言っても、全く同じというわけにゆきません。（中略）

一般的に同じ試験を受かっているのに、内務省で言えば、早い人は三十五、六歳から、どんなに遅くとも四十四、五歳には、もう次官にならなければ、辞めて転出する。内閣が替わるようなときには、勅選《ちよくせん》議員の穴を埋めて、適当な人が貴族院議員になる。それから、いわゆる外郭団体というものがあって、そこに天下って行く。だから、同じ俸給表を、内務省では四十五歳ぐらいまでに使えば良かった。知事は高等官二等で、早い人は三十歳代で知事になる。（中略）

ところが、裁判所は六十三歳が定年なんです。大審院長だけが六十五歳定年。裁判官は六十三歳までやるわけです。だから同じ俸給表を、片方は六十三歳まで使い、片方は四十五歳までに使い切る。その差は、歴然たるものです」（一一八ページ）

戦前の俸給のスタイルを、片や定年制があり、片や定年制がないというところで戦後も引き継がれてきているという事実を指摘し、これをなんとか変えなければいけないという主張が、ここでの話になります。また、検事との関係についても話しています。

「戦後は一般の裁判官の定年は六十五歳で、検事は、検事総長が六十五歳で、その他の検事は六十三歳となりました。戦前は、大審院長と検事総長が六十五歳、その他の判検事は六十三歳で、両者は全く同じでした。（中略）

ただ、検事には上命下服の関係があって、一致団結する。警察から送られてきたものを、すぐ起訴する、あるいは予審請求をする。それで、予審判事が一所懸命苦労してやる。予審免訴の終結決定でもしようものなら、良く言わない。自分たちの不名誉、不手柄になるから、一致して、『あいつは駄目だ』と言う。事実そうかも知れない。こっちは各個撃破で、組織的に対抗しないですから」（一二二ページ）

そして彼は、昭和四十（一九六五）年に東京地裁に出ます。それから民事局長になるまでの四年近くの間、彼は実際に裁判をしました。

「ちょっと後輩になる二、三の裁判官が、私に裁判歴がほとんどないことを理由に、『事務総局にいて、天下って来た。あんな者、何もできやせんぞ。駄目だろう』と言っていたそうです。それは、当時、東京地裁で事件処理ナンバー・ワン、ナンバー・ツーというような連中でした。はっきりと、陰口を言っていたわけです。私は、そんな者は相手にするつもりはなかったから、私流に事件を処理しまして、一年経ちました。あの当時、東京地裁は、各裁判官別の事件処理報告というのを回覧しておりましたが、よく見たら、私は処理件数では陰口を言っている連中と同じぐらいで、ほとんど変わりなかったんです。けれども、私は大部分の事件を和解で片付けていましたから、控訴というのは二、三件しかないんです。その連中の事件は、片っ端から控訴されている。だから、裁判所全体の効率から言えば、大いに違います。それで、その連中は二度と陰口を言わなくなりました」（一二九〜一三〇ページ）

休む機会、外国に行く機会を与える

平成十二（二〇〇〇）年の時点で、矢口が司法の世界をどのように見ていたのか、正直に出ているところがあります。

「率直に申しますと、私が現職のときに思っていたことと、いま思うことを較べてみると、立場が変わったわけではないけれども、『現職のときは、やはり甘かったな』という感じがします。あらゆることに対して、もっと闘わなければいけなかった。立法・行政と闘わなければいけなかった。分かりやすく言えば、司法が一流扱いにされていなかったということです。

近時、急速にそうでなくなったのは、司法が見直されたというよりは、政治と行政が自壊し始めたからです。それは、別の言葉で言えば、経済の世界で、終身雇用、年功序列、企業内組合といったような公式が通用しなくなったということです。また、護送船団方式が通用しなくなった。『日本は元来、自由主義だ』などと言っていたのですが、そんなものではなく、計画された経済だったのです。それが通用しなくなってきた、ということのような気がします」（一三九ページ）

最高裁判所長官というのは、自分を含めて、職業裁判官で本当にいいのか、もっと政治化されたほうがいいのではないかといって、次のように言います。

「長官は、ちょっと前なら宮澤喜一さん、今なら小泉純一郎さん、そういう人がや

るべきだと思う。いいだろうと思います（笑）。（中略）

違憲立法審査権が裁判所に与えられたときから、裁判所は純粋の司法ではなくなったんです。政治の一環に繰り入れられたんです」（一三九ページ）

しかしそれをずっと拒否してきたところに問題があるというのが、このときの彼の問題意識だろうと思います。

彼が東京地裁の判事を終えるときの話を聞いてみましょう。

「とにかく、東京地裁は終わりました。東京地裁は終わりましたが、それは四年間だからできたのであって、あれを十年やる、十五年やるとなったら、あのスピードではできないでしょう。極端に言えば、私にとって珍しいからやれたわけです。（中略）

来る日も来る日も同じことをやって十年になった人は、そこで、『田舎に行け』と言われたら困る。引き続き東京に、おりたい。東京におりたいが、事件は次から次に来る。常に、手持ちの事件が三百件ぐらいある。そうなると、『ああ、ちょっと休みたいな』という感じになるんじゃないかと思う。スピードも落ちるでしょう。

私は、四年だからスピードを落とさずにやれたわけです」（一四七ページ）

こういうことを彼は自分でよくわかっています。裁判官ではない仕事をやりたいときが来る。そのときに休む機会とか外国に行く機会を与えなければいけないのではないかという、彼の本質論が出てくるところです。また、地方勤務についてもこう言っています。

「実際に〔島根県の〕浜田にずっといたら、もういい加減嫌になるのではないでしょうか。そういうところが、たくさんあります。岐阜県の高山とか、福井県の武生《たけふ》とか、富山県の魚津とか、その辺をぐるぐる回っていた人が、昔はたくさんいたのです。でも、それはそれなりに、長年勤めているから、位階勲等は四等か三等ぐらいにはなって、宮中席次も付きますからね。それで済んだときがあった」（一四九ページ）

別のところでもこういう言い方をしていますが、昔は地方をうろうろ回っているだけだけれど、勲章が出る。そういうところでは町の会合があると必ず上席に座らされたということです。そういう中で自分の位置確認ができて、自分は一生、京都や東京には行けないけれど、ここでこうしてみんなに尊敬されているという実感を持てた。しかし今の地方回りは、そんな実感も持てないということが問題なのだ、ということを彼は言っています。

東京地裁を終わって、昭和四十三（一九六八）年、彼はいよいよ最高裁事務総局の民事局長になります。

第二章

人をよく見て判断する

後藤田式①

力の行使には限界がある

この章では、激動の昭和四十年代の真っ只中に入って行こうと思います。

叱る時には逃げ道を作れ

昭和四十（一九六五）年、後藤田は警察庁次長になり、昭和四十四（一九六九）年からは警察庁長官になります。この時期のことを後藤田が語っている中で、ぜひ紹介しなければならないと思うのは、警察庁の中での部下への接し方です。

組織人として地位が上がってくるに従って、当然部下も増える。その人たちにどう対応するのか。後述する矢口の裁判所における対応もそういう面がありますが、警察は〝人〟の要素がさらに強いわけです。そういう意味で、どのように人に接するか、あるいはどのように部下に命令を下すかということは非常に重要になります。

例えば部下への接し方について、後藤田は次のように言っています。

「僕の部下に対する叱り方は袋叩きにしないんです。必ず逃げ道を与えてあげる。

私は海原治君によく言ったんだ。彼も部下には厳しいんです。海原君は同期生ですし、郷里が一緒ですから。君のは袋叩きと違うか、袋叩きは恨みを残すよ、怒る時には逃げ道を作れよ、と僕は雑談の時によく言ったものです。僕は絶えずそれには気をつけた。

具体的には、厳しく言った後で、『まあそういうことだよ、君な』というようなかけ声をひとつかけてやるわけですよ。そうすると向こうはホッとする。僕は警察のような階級社会、とりわけ上下の厳しい社会で、部下を怒るときにはよほど気をつけてやらないと行き場がなくなると思いますね」（上二一五ページ）

これは非常に印象的な話です。警察のような階級社会の中では当然、叱り、叱られるという関係は出てきますが、後藤田は袋叩きにはしないと言う。「まあそういうことだよ、君な」というのは、彼のオーラル・ヒストリーを聞いている中でもよく出てくる言い方だという感じがしました。

もう一つ、今度は失敗に対してどういうふうに対応するかということです。後藤田は次のように言います。

「警察の場合は、金銭の間違いというよりも婦人問題と、もうひとつは酒による間違いですね。だいたい大きな事故を考えますと、その二つですね。私はどの場合でも一回は勘弁するんです。その代わり徹底して怒るわけだ。『おまえ、ええか、このつぎにやったらあかんよ』と言うんです。一回許すんです。人事の時にも、一回目の失敗では左遷しない。下へは行かせない。横転《よこてん》させるんです。そしてじいっと、そいつを一年、二年見ている。そこで立ち直った奴は、横転を飛び越して、次の人事で遅れを取り戻させる」（上二一五〜二一六ページ）

これも非常に象徴的な発言だと思います。第一次安倍内閣のころ、よく「再チャレンジ」というような言葉を耳にしましたが、官僚社会では、いっぺん失敗すると、もう二度と這い上がれないとも言われています。その中で後藤田は、一回は許す。そして下に左遷することはしないで、横に置いておいて見ている。そして大丈夫だったら、もういっぺん戻してくる。これはなかなかできないことだと思いますが、やはり後藤田流なのだな、という感じが強くします。さらに彼は次のように付け加えています。

「その結果を見てみますと、酒の大きな失敗はみんな直る。女は直らん。婦人問題

というのは一生だな、また同じことをやるな。女の問題というのは駄目だね。僕の経験はそうです」（上二二六ページ）

これも後藤田らしい見方、考え方で、酒は大丈夫だが、女性問題は繰り返されると言っています。警察の不祥事を見ていると、ときどき女性問題が出てきますので、なるほどそういうことがあるのかな、という感じもするところです。

辞表の真意を読む

もう一つ、別の意味での失敗の問題がありますので、それについても言及しておきましょう。後藤田が警察庁次長から長官を務めた時代は、全共闘運動の全盛期であり、特に成田闘争では、警察官の犠牲者も多く出た時期でした。そういう場合にどのように対応するかということについても後藤田は触れています。

「そこでどうしてもやり方が密集作戦になる。だから犠牲者が出るのは避けがたいんですね。僕は、これはしょうがないな、避けがたい不可避の事故だなぐらいの見方をするんですが、本部長になるとそうはいかんのですね。責任感があるから。それで、ある本部長が僕のところに辞表を持ってきた。部下が犠牲になったということで。しかし犯人は捕まっていないわけだな。

それで僕が怒って、『何をお前は言っているんだ、お前の辞表一枚もらったって何にもならない、おれのところに謝りに来るなら犯人を捕まえてここへ連れてこい』とやったんです。それで、おまえ帰れ、と言って追い返しちゃった。辞表は受け取らないいんだよ。そういうやり方をやるものだから、相手にするとどうかね。辞表というのは持ってきたときに本当に覚悟して来る人と、形だけで来る人と両方いるからね」（上二一六〜二一七ページ）

これは非常に人間の機微を突いた発言だと思います。密集作戦で犠牲が出るのは当たり前である。そこで本部長がどういう責任を取るかというときに、簡単に辞表を持ってくる者がいる。しかしその辞表も、本当に辞意を表明しているのか、あるいは「いや、辞めないでよろしい」と言われることを期待した、格好だけ、形式だけのものかというところまで、この時代の後藤田は見ている。後藤田が後半生、政治家として人間をよく見て判断できるようになった最初の部分は、こういうところにあるのではないかと思います。警察の人たちと接していて、彼らがどのように判断し、それに対して自分がどう対応するかということをよく考えていたのだろうと思います。

外遊で情報機関の在り方を見る

一方で彼は、警察庁の次長になってから、よく外遊をします。なぜ警察庁の次長は外遊をするのでしょうか。

「警察庁には（中略）ルールがあって、長官になると日本から離れられない。次長が外遊するんです。（中略）そこで私は東南アジアとか、ヨーロッパ、アメリカに行きました。私が行くときには、警察の仕事で行ったことはありません。全部情報関係です」（上二三〇ページ）

今日で言う、いわゆる「インテリジェンス」（情報）の問題です。後藤田はそこで、日本の情報収集体制と能力がいかに低いかを印象づけられたといいます。日本はやはり平和ボケである、日本のような国はウサギの耳を持たなければいけないのに、どうもそういう状況にはない、日本は情報に対して非常に甘い。これは今日でも言われていることですが、すでに警察庁次長時代に、後藤田は外遊を通してこうしたインテリジェンスの問題について考えるところがあったのだろうと思います。
この時期は、ベトナム戦争が激しさを増していた時期でした。後藤田は東南アジアも回っています。

「東南アジアをずっと回った。これも情報機関です。東南アジアに視察に行ったのは、ひとつはベトナム戦争です。アメリカは、兵力の逐次投入という、戦争でいちばん避けなければならないやり方で非常に現地の抵抗を受けて難儀している。一体あそこの戦線がどうなっているのかということ、特に宣撫《せんぶ》工作をやっているわけですね。その宣撫工作はＣＩＡ〔米中央情報局〕がずっと担当してやっているわけです。それと同時に、台湾でもアメリカは蔣介石政権を応援していましたから、ＣＩＡが活動していましたね。これらの状況をみて回ったんです」（上一二三ページ）

後藤田はアメリカ、イタリアその他も回ったようですが、激動する東南アジアでも、情報機関の在り方、情報の取り方を見て、日本の参考にすることを考えていたようです。このような外遊が、やがて長官になって役立った、というよりは、後藤田の場合、政治家になってから役に立ったのではないかという気がします。いずれ述べる中曽根内閣の官房長官時代の彼の独特のやり方は、おそらくこのあたりで培われたところもあったろうと思います。

アメリカについて唯一批判している部分があるので、それを付け加えておきましょう。

「アメリカの情報機関のやり方を見ていますと、なんと言いますか、非常に組織的でお金を十分かけているし、ある意味において、合理的とでも言うか、そういう活動はしているけれど、情報機関のやり方としてはあまり上手ではないな、という印象でしたね。要するに、すべてを物量で押していくということですから、やはり情報ということから考えると少し無理なのではないか、無理というより、成果が少ないのではないかという印象でした」（上二三六ページ）

これは非常に鋭い指摘です。のちにロバート・マクナマラが〝ベトナム戦争は誤っていた〟との結論に至る「歴史法廷」を行いますが、その時の歴史法廷におけるアメリカ側、ベトナム側の発言を聞いていると、確かに物量作戦でやっていって、それが故に正確な情報を得ていないということがわかります。しかもその情報というのは、その場その場で新しいネタを取って来るのではなく、その国の民族性とか社会性といったものをきちんと学んでから収集しなければならないとマクナマラは気がつくわけですが、後藤田の見方はそういうところと共鳴しているのではないかと思います。

情報の共有は限定的に

昭和四十年代、日本の治安情勢が悪化していきます。中でも、過激派対策は重要でした。その過激派対策について後藤田が常に言っていたのは、罰則強化は逆効果である、ということです。

「当時すでに街頭大衆行動がやや暴力化しているという時期でした。だいたい、大衆擾乱《じょうらん》事件、騒擾事件といいますか、街頭の警察の取り締まりに対しては、自由民主党からは『手ぬるい、もっと強硬になぜやれんか』というお叱りをしょっちゅう受けておりました。ところが日本のマスコミは逆でして、少しでも警察の欠陥があれば、それを大きく報道するといったような厳しい批判があって、警察の行動を監視するというのが当時の情勢でした。

それから、共産党の批判がある。共産党は、警察は過激派を泳がせている、というんですね。要するに警察は意識的に彼らの取り締まりを怠けて、われわればかり狙うということです。ところが、その批判にあたるほどのゆとりは、警察にはなかったんですね。警察力自身が足りないなというのが私どもの考え方でした。率直に言わせてもらえば、警察の治安維持とはどういうものかを本当の意味では理解していない人からの批判だなと思う。ことに自由民主党の場合はそうなんです。共産党の批判は意図的なものですから。

大衆暴動の取り締まりは、いくら警察力が不足だといっても、正面の相手を蹴散らすことはできるんですよ。その代わり、それをやった後は惨憺たる状況が残りますよ、ということです。つまりこちらに十分な力がないわけですね。しかし、ガンとやるだけの力はある。訓練から体力から違うんですからね。しかし全体の警察力は足りないんですから、ガンとやれば相手方から大変な犠牲者が出るでしょう。そうなったときに、本当に中長期に治安を維持することができるのかということです」（上二四一～二四二ページ）

警察力というのは非常に直線的なものであって、マンパワーを増やし、武器も増やせば対応できると大概の人は思うでしょう。特に自民党はそう思っていたのだと思います。しかし後藤田は、そうではないと言っています。その時点ですでに十分に相手を捕捉できるようなマンパワーがない。しかも、犠牲者を出さないで相手を蹴散らすことはできない。犠牲者が出たとたんにマスコミは警察批判に転じるわけです。ですから、マスコミも味方につけながら、しかしソフトなやり方で学生運動、全共闘運動に対抗して彼らを逮捕し捕捉していくということは、実はとても難しいことです。特にソフトな対応が難しい。後藤田の昭和四十年代のやり方は、警察力を抑えておいて、なおかつ出る時には出るという、直線的ではない、非常に複線的なやり方でした。

この時期、警察は、ゆとりを持って対応できる状況ではなかったのだと思われます。後藤田はここで、唯一佐藤批判をしています。それは東大入試が中止になったときですが、後藤田は次のように語っています。

「私も東京大学の卒業生ですから、それはなんと言いますか、残念だな、なんということをなさるんだ、試験をやったらいいではないか、という気はしました。けれど基本には、そんなことは大学が決めることだ、批判を受けるのはおまえさん方だよ、という気持ちがあったことも事実ですね。決めたのは佐藤総理なんですよ。視察に行って。素人があんな現場に行って判断したら間違いを起こす。東大がつぶれてもいいなんて、私共はそんなことは全然思っていないな。秦野章君は厳しかったな。やはり東大は大学の中の大学だと思う。そういう観点でこれを見ていた。そういうことです」（上二四四ページ）

現場に素人が行って、そこを見て、「こんなにひどい状況だ」と思うのは間違いである。それを佐藤総理は犯してしまったということで、ここはっきりと佐藤批判になっているところです。それからもう一つ、大学管理法の問題についても言及しています。

「自民党というのは何かあると、党の中から罰則強化が必ず出てくる。それに終始反対するのが警察なんですよ。『罰則運用というのはどれくらい難しいものか、注意しなければならないものか、あなた方はご存知ない、罰則さえ強化すれば事件が減ると思っているのは、基本的に間違いだ』と。これは警察の考え方なんです。今でもそういう考え方だと思いますよ。ところが自民党というか、要するに素人は、罰則をむやみに強化したがるんだ。そのうちおのれが引っかかるんだけれどね」（上二四五ページ）

暴力犯だけれども、思想犯というのは確信犯が中心になっている。確信犯は罰則を強化するとかえって確信が強くなるだけで逆効果である、ということをここで後藤田は言っているわけです。

さて、後藤田も、いよいよ警察庁長官の出処進退の問題を考えなければならなくなります。

「初代の長官が七年二ヵ月やった。これは警察経験者が追放になりましたから人材不足ということだった。ところがその次におやりになった方が四年数カ月やっているんです。そのあとは揃っているんですよ、人材不足ではないんですよ。柏村信雄さんが四年なんぼやっている。そして江口俊男さんが二年でお辞めになったかな。江口さんのあとが新井裕さんで、四年三ヵ月ぐらいですね。僕は率直に言って、それは長すぎると思います。今でも思っている。僕の理論は、だいたい二年交替だったんです」（上二四六ページ）

警察庁長官の出処進退は非常に難しいというわけです。特に長官に対して「そろそろ辞めたらどうか」などと言う人は実はいない。警察の中立性ということから、そういうことはないので、長官みずからが、自分自身で判断しなければならない。大変な職ではあるけれど、後藤田は二年ぐらいで交替をしていくというのがシステムとしては一番いいと考えていたのだろうと思います。

昭和四十六（一九七一）年、沖縄返還協定に絡み、取材上知りえた機密情報を毎日新聞記者・西山太吉が国会議員に漏らした外務省機密漏洩事件の扱いについて、後藤田は次のような発言をしています。

「この種の事件になると、政治問題になることは極めて明確だ。そのときに、警察が逮捕してもそのあと起訴にならなかったらあかんよと。検察との関係は間違いないかい、と言ったんだ。少なくとも僕なんかの時までは、警察の方がわりあい純粋なんですよ、人事権が政治にないんだから。そういうことがあるので、どうかなと聞いたら、それは十分打ち合わせをしておきますと言う。大丈夫かと言ったら、大丈夫ですと言うわけだ」（上二五二ページ）

「だいたい警察の汚職事件とか、知能犯事件式の厄介な事件になってくると、警察は人の手が多いですから、割合きちんと事件は詰めるんですけれど、漏れるんですよ。警視庁の刑事の家庭教師まで新聞記者がやっているんですから。（中略）家に入り込むんだ。これはいかん」（上二五二〜二五三ページ）

そして起訴するかどうかということになり、これは国会でずいぶん責められることになります。特に当時の佐藤首相にとっては、「沖縄の返還なくして戦後は終わらない」と言っていた最後の仕上げの段階でこうした問題が起きたわけですから、イライラの原因になっていたと思います。

しかし警察側は、「捜査中は捜査中だ」と言って官邸には言わなかった。官邸に言わなかったので、佐藤総理のご機嫌が悪かった、ということですが、ここで後藤田は筋を通しています。総理大臣であっても言わなくていいことまで報告する必要はないということをはっきりさせています。そういう意味では、後藤田個人の事件に対する対処の仕方としては、なるべく情報の共有は限定的にして、最後の決断を下したときにきちんと報告すべしということです。

次いであさま山荘事件が起こった時には、身辺を非常に注意したという話をしています。それに関連して、後藤田は家族が危ないという話をするのです。

「家族は危ないなという気がしたんですね。それで、小包爆弾のあった以降は、ともかく年末になりますと、全国の知事さん、あるいは本部長さんからお歳暮がたくさん来るんですよ。この扱いに困っちゃってね。周囲が壁で遮断されているところがいいだろうというので、玄関には置かないで、全部風呂場に持っていくんです。そして置いておく。そして二日にいっぺんぐらい警視庁か警察庁か忘れましたけれど、ガイガー管みたいなもので爆発物を検査してもらって、大丈夫なやつを家族が開けていたというように、用心はしていましたね。

しかし、自分自身は何とも思わなかった。僕は、家庭、家族がどうかなという心配だけがあったことと、子供がやられはせんかな、と思って、これは気をつけていましたね」（上二六二ページ）

凶悪犯とか危険な闘争をやっている確信犯は、当然警察の幹部も狙うわけで、狙われたときに、後藤田は家族の心配をしているわけです。ここに後藤田の人間性が出ています。しかし、自分がやられる分にはしょうがないというのは、おそらく戦争のときから続いている彼の人間観だと思いますが、それがよく出ている感じがします。

他人に相談できない孤独な判断

そして、やはり取り上げておかなければいけないのはあさま山荘事件についてです。後藤田は、この事件をどのように感じていたのでしょうか。

「このときの感慨は、最高責任者というのはいかに孤独かということだ。それは、いつどういう処置をするか、結果がどうなるかということだけれど、結果の見通しが立たないわけですよ。うっかりすると不成功に終わる可能性があるんですね。何が成功かといいますと、警察の目的は何かという私の考え方に関係してきます。それは市民保護です。だから人質になっている牟田泰子さんというご婦人を無事救出できれば、これは警察としては合格だと思っていたんです。(中略)

人質は殺されたわ、犯人は鉄砲を撃ちながら逃げたわというのは、これはいちばん悪い。人質は無事救出した、しかし犯人も殺してしまったというと、これは下策ですね。やはり逮捕しないと駄目だ。犯人は逮捕したが人質は殺されたというのもあかんのです。同時に警察官の犠牲者を出したらあかんのだ。そういういろいろな段階があるんですけれどね。そういうことを考えながら処理をしたわけですが、ああいうふうになったときは孤独ですね。たいていの仕事は、（部下から）『こうやりますがどうですか』と来るんですよ。ところが、ああいうときはそうではない。『どうしますか』といってくるんですね」（上二六四ページ）

つまり選択肢を部下が示して、それに対してどうこうというのではなくて、はじめからすべてに関して後藤田の判断が待たれている。後藤田が右と言えば右に行くし、左と言えば左に行く。それですべてが決まってしまう。しかも、そこに複雑な方程式がある。誰が助かるのか、誰を捕まえるのか、どういう犠牲が出るのかという多元連立方程式になっている。それも後藤田は遠く離れた本部にいて、現場を見ているわけではない。現場の状況を聞きながら最終判断をしなくてはいけない。だから、それは腰だめの判断にならざるを得ないのですが、そこは孤独な判断で、他人に相談することができない。まさに自分の決断である。このあたりは警察庁長官としての後藤田の真骨頂ではないかという気がします。

疾風怒濤の十年間

こうした激動の時期が終わって、後藤田は昭和四十七（一九七二）年六月に警察庁長官を辞めることになりました。

「私は〔警察庁長官に〕なった当時から、ともかく自分は三年以内には辞めるという気持ちをずっと持っておりました。そして、あさま山荘事件などでおよそのことがケリがついたし、邪魔が入らないような形で、自分自身の判断で、佐藤〔栄作〕内閣が終われば辞めようと決めていたわけです。ただ、一つ問題が出てきたのは、佐藤内閣のあとに誰が総理になるか、争いがあって決まっていなかったんです。福田〔赳夫《たけお》〕さんと田中〔角栄〕さんの総裁争いですね。〔中略〕どちらが総裁選に勝ち残るかわからないとき、ということで六月二十四日に突然辞表を出しちゃったのよ」（上二六九ページ）

後藤田は佐藤内閣と共に辞めるという決断はしていたけれど、後継者が決まっていれば内閣と共に辞めるという形をとりやすい。しかしその後継者が決まっていない。まさに「角福決戦」の時でした。そこで後藤田としては、後継者が決まる前に、自分の辞職の決断は周囲に左右されていない、そういう形で辞めるんだと示したわけです。定年制がないところでみずから辞めるという点でも、孤独の決断にならざるを得ません。

ここで後藤田は「佐藤さんは嫌いなんだよ、僕を。僕も好きじゃないんだよ」（上二七〇ページ）と意外なことを言っています。佐藤総理との緊張関係が、ずいぶんあったようです。

そこで、次の長官に誰を据えるかという話になります。

「警察庁長官と警視総監だけは、ほかの省の役所の次官とは違うんですよ。内閣の承認を得るということなんだよ。警察法でそうなっている。総理大臣の承認を得なければならない。そこでバランスをとっているわけですね。

任命するのは国家公安委員会です。これが嫌だといったらどうにもならない。といって、内閣の承認を得なければならんということで、相互牽制の仕組みになっているんですね。だから後任については、最後は総理大臣の承認を事前に得なければなりません」（上二七一ページ）

後任を推薦するのは非常に重いことです。つまり、後継者、この場合は高橋幹夫ですが、後藤田が推薦すると、その推薦がどう扱われるのか。ここで後藤田が言っていることは印象的です。

「それは違う、ということは誰も言わない。いかなる場合でも言わない」（上二七一ページ）

長官人事の場合、後藤田自身もそうだったし、高橋幹夫もそうですが、警察庁次長が昇格という形になるのか、という質問に、後藤田は次のように言いました。

「それはわかりません。それは辞める長官の腹ひとつだ。だいたい次長が昇格しますけど、場合によると、年次の関係がありますからね。次長は、警視総監になる場合と、長官になる場合と、もうひとつは次長で辞める、この三つの場合が先例としてあります」（上二七二ページ）

これもいくつかの方程式があって、さらに年次と、その人の具体的な評価が加わって最終的には決まるのだと言っています。次長が長官になることがほとんど決まっている法制局とは違っているわけです。

そして後藤田は、ここで警察庁長官を終えた時の一種の感慨を述べています。ここは彼のいわゆる官僚人生の一つのエポックになるところです。

「一言で言うと、やはり私の十年間は疾風怒濤《しっぷうどとう》の時代だったと思います。異常な治安への対応に追われた十年であったと思いますね。大事件が次から次へと起こっているわけですから。それをよくぞ乗り越えられたな、という気持ちがいっぱいです。なぜそれが出来たのかといいますと、警察の運営それ自体が、権力行使の限界を超えないで、絶えず、警察は堪え忍ぶことだよ、ということに徹することによって、国民の理解と支持を求めてきたからだと思います」（下二十三ページ）

権力の行使については限界がある、それを抑制する、そのために警察は堪え忍ばなければいけないという発想は、後藤田がその後政治家になってからもずっと続いていました。最終的に彼はいわゆるご意見番になりますが、彼のご意見番の時の発想もこれに尽きると言えます。官僚人生の最後で彼が思っていたことが、そのあとの彼の政治家としての人生にも連なっていったと言えると思います。

ここまでが、彼の警察官としての人生です。

矢口式①
自分から物事を作っていく

枢要ポストは総務・人事・経理局長と秘書課長

次に矢口の昭和四十年代を見ることにしましょう。

昭和四十三（一九六八）年十一月、東京地裁民事部の判事をしていた矢口は、最高裁事務総局の民事局長になれと言われました。その経緯について、矢口は次のように語っています。

「〔事務〕総局の司法行政に、前触れはありません。裁判官は任地の保障がありますから、もし私が大阪など、東京以外の地にいたら転勤になりますから、それは承諾を求められるでしょう。東京にいる人間が、『司法行政をやれ』と言われたとき、嫌なら嫌と言うだけで、もうそれで、お仕舞です。それで、民事局長になりました。その時の事務総局の各局長は、大体、私より期の上の人で、みんな五十歳を過ぎていたと思います。私は、まだ五十歳の手前でした」（一五〇ページ）

その理由について、なぜ自分がなったのか、考えないわけではなかった、と次のように言っています。

「そのときは、期の上の人ばかりなのに、どうして私が民事局長なのか、はかに民事局長候補がいないわけではないのに……と思いました。結局のところ、どうも普通の人間なら、そのまま裁判をさせておけば良いけれど、私の場合は、放っておくと、どこで、誰が、どういうふうに使おうと言い出すか、分からない。自分たちの人的関係から見ると、それでは困る。一番困るのは事務総局の人事局長、総務局長、経理局長、要するに官房三局の局長になられることだ、ということだったのではなかったでしょうか。

皆さんは、事務総局というのは何だとお思いになっているか知りませんが、実は刑事局とか民事局とか家庭局とかというのは、満鉄の調査部的なもの〔事務を仕切るのではなく、スタッフとして総合的調査を進める部署〕だと思ってくだされぱいいのです。総局で本当に必要なのは、長官、事務総長、事務次長、それから総務・人事・経理の各局長、それと秘書課長です。その線さえ押さえておけば、人的関係の形成には支障がないんです。それで、私を放っておいて、そういうポストの一つに入られては困る。当時は、局長の横滑りという例はなかったので、民事局長にしておけば、それで大丈夫と思われたのでしょう」（一五一ページ）

なぜ矢口は民事局長になったのか。それは人事を押さえている枢要ポストではなく、民事局長にしてしまえばほかのポストには横滑りできないので、とにかく事務総局の中に入れておこう、引き上げておいて閑職に据えておこう、というやり方だったというのが、矢口自身の見方でした。逆に言うと、矢口には能力があったので、誰かが彼を最高裁の人事を左右するポストに就けるようなことになったら困るので、事前予防的に民事局長にされた、と考えているわけです。

人脈も使って手柄を立てる

しかしそこで、矢口はいろいろな仕事をします。最初にやったことは、昭和四十五（一九七〇）年、簡易裁判所の事物管轄（事件の性質の違いに基づいて定められる裁判の管轄）の金額の上限を高くすることでした。彼は、それまでの十万円から三十万円に値上げしました。これについては、次のように言っています。

「私は、そんなに苦労しなかった。むしろ、どうして、これまでやれなかったのか分からなかった。要するに前任局長が受身の人で、自分から積極的に物事を作っていくということが、不得手だったからでしょうか。

いろいろ折衝してみると、裁判所の局長方よりも、法務省の局長や次官のほうが応援してくれるような形なんですね。法案を提出されて、衆議院は自民党が多数だから、すぐ通りました。それでも法務委員会としては、少しく質疑打ち切り動議で採決が行われたと思います」（一五二ページ）

参議院も、国対（国会対策委員会）、法務省の関係——要するに、最終的にはメンツの問題を解決して、簡易裁判所の事物管轄の問題を無事に通すことができました。それについて、矢口は次のように語っています。

「偉そうなことを言ってはなんですけれども、私が民事局長にならなかったら、通らなかったかも知れません。人脈とか、いろいろなことがあるかも知れません」（一五三ページ）

これで一つ手柄を立てたあと、いわゆる「平賀《ひらが》書簡問題」（昭和四十四〈一九六九〉年、自衛隊違憲裁判を問う長沼ナイキ基地訴訟の担当裁判長・福島重雄判事に対する裁判干渉事件）に対応することになります。それに付随して、飯守重任《いいもりしげとう》（田中耕太郎の弟）という鹿児島地裁所長の問題（「平賀書簡」を擁護し、裁判官の思想調査を試み、所長を解任された）を片付けて、昭和四十五年に民事局所管の問題として、四人公害事件（イタイイタイ病、新潟水俣病、水俣病、四日市ぜんそく）への対応に移っていくことになります。この公害事件については、裁判官の全国会同で扱われました。

「結局、阿賀野川だったら、工場から本当に、その水銀が出て来ているのかどうかという因果関係の問題は、工場の排水口まで辿り着けたら、あとはいいんじゃないか、と。大気汚染だって、四日市の周辺の人間が、みんな同じような難に遭っていたら、それこそ疫学的方法で、いいことにしたらいいじゃないか、と。結局、そういうことになったのですね。

原告が、因果関係を最後まで証明しなければいけないという、今までの理屈からすると、証明は不十分かも知れません。しかし逆に、もうこの辺でいいじゃないかということでいけば、それで十分なんです」（一五六ページ）

一人で考えても答えは出てこない

こうして矢口は、疫学的方法と立証責任の転換を使って公害事案を処理するという形で乗り切っていくことになりました。ある意味では、民事局が全国会同のイニシアチブを取ったことになります。そこで矢口が繰り返し述べていることは、こういうことは自分一人で考えていても答えは出てこないということです。

「しかし、例えば四、五人の民事局付が、『この問題について、どういう問題点があるだろうか』と言って、事前の検討をしますと、ちゃんと答えが出て来る。裁判官の独立ということと、そうでないこととの差が、どこに出て来るのか、私は未だに分かりません。しかし、言えることは、独立した裁判官の考えることなんか知れたものだ、ということです」（一五六ページ）

文殊《もんじゅ》の知恵というか、現実に関わっている人たちが集まって出した解答は、一人の人間が考えたものよりも良いということです。のちほど後藤田のオーラル・ヒストリーの中で、「暗黙知のコミュニケーション・ワーク」について指摘するつもりですが、裁判についてもおそらくそうなのでしょう。独立して一人ひとりが腰だめでやるよりは、同じようなことを考えている人たちが、その場で議論をしながら、ツーと言えばカーと出てくるような関係の中で答えを求めていくと、非常にいい答えが出てくるということなのです。

「公害のときなど、『思想を統制した』とか、そんなことを言われた。そんなものではないのですが、全くそういうことをやらなかったら、いつまで経っても判決が出ません」（一五七ページ）

どういうところで踏み切るのかが問題であって、矢口の言い方を借りれば、「司法には司法の使命があります」ということになるわけです。

そして、昭和四十五（一九七〇）年の暮れになると、長沼ナイキ訴訟の福島裁判官の処分問題が再燃してきます。

「四十五年四月、岸盛一《せいいち》最高裁事務総長の談話が出ました。それは、『裁判官は、政治的色彩を帯びた団体に加入することは慎むべきである』とした上で、『二十二期の人が一人不採用になったが、それは「青法協」（青年法律家協会）だからではない』というものでした。

続いて五月の憲法週間に当たり、石田和外《かずと》長官（昭和四十四年一月～四十八年五月）が、『極端な軍国主義、共産主義は、裁判官として好ましくない』ということを言われました。その後、福島君の処分があったのです。当時の緊迫した空気は、私から見れば、『ああ、一種の緊急状態に突入したな』と思えるようなものでした。そして、その四十五年十二月の末に、私は人事局長になったわけです。

昭和四十六（一九七一）年の春に、宮本康昭問題（最高裁が、青法協所属の裁判官・宮本康昭判事補を理由告知なしに再任拒否した問題）が起こった。それは非常に微妙な問題で、この問題のときの人事局長は私ですから、私は責任を回避するつもりはありませんが、どうして宮本問題が起こったかということになると、そのとき急に宮本問題が起こったわけではないんです。少なくとも、四十四年のナイキ基地訴訟等の頃から、もっと言えば四十三年六月に、庁舎管理規程を作った頃から問題が尾を引いていて、それが結集されて来た。四十五年の暮れには、局付の『青法協』の一斉脱退というような問題がありました。そして、四十六年三月に、宮本問題が起こったわけです。そういう流れの中で捉えたときに、宮本問題は、どういう問題

を孕《はら》んでいたかということになるんです。ここのところが、一番お話ししにくいところなんです」（二六二ページ）

たしかに、矢口の宮本問題に対する説明の仕方は、ほかのところのような明快な断定とは違っています。いろいろな問題が関わっていった結果、文脈ができあがってしまい、その文脈も非常に複雑になっている。宮本問題は、その〝複雑系〟から出てきたというわけです。これは一つの独立した問題ではない、ということを矢口は強調しています。

普通の人なら裁判官にならない?

矢口は裁判所の人事について、一般論を述べています。

「裁判所の人事の難しさは、どういうやり方が本当に正しい人事なのかが、未だによく分からないところにあるんです。憲法（第七八条）や法律（裁判所法第四八条）で、転官・転所の保障（身分の保障）があり、裁判官は独立していて、他から影響されてはいけないと言う。しかし、およそ人間は、時代に影響され、場所に影響さ

れ、周囲に影響されるもので、影響されない者は、人間じゃないですね。だから、影響は、なければいけないのです。（中略）

［裁判官の多くは］『俺は、我が道を行く。だから、裁判官になったのだ』ということなんです。現に、あまり人付き合いの良くない者が裁判官になっている。人と仲良くして、お互いに助け合ってゆこうというような人は、裁判官なんかにならない。私どもが裁判官を志した戦前でも、普通の人間なら裁判官なんかにならない。その言い方は、ちょっと変だけれども、少し偏屈な、そういう人間が裁判官になる。『あれは、会社員とか行政官とかは無理だ』というような人がなるという感じがあるでしょう」（一六五ページ）

これは非常に直截な言い方です、裁判官というのは、まともな人、普通の人はならない。そういう人物が「独立でやる」ということに問題がある、という矢口の基本的な考え方につながってくるところです。

サーキットの問題とも若干似ていますが、繰り返し次のように言っています。

「戦前は、『天皇陛下の官吏』と言われた。定期叙勲・叙位があり、御大礼があれば、御大礼記念章もいただく。四大節のお祝いがあれば、その町では宮中席次は、支部の判事が飛びきり高い。それは判事として何年経ったらどうなる、ということで決まりますから。だから、正五位勲五等などと言ったら、それは物凄く偉いわけです。正五位というのは、軍隊の位でいえば大佐です。大佐というのは、高等官三等なんです。高等官三等というのは、偉いんです。そういったことで満足しており、満足させられていたのが大部分です」（一六六ページ）

戦前は地方に行っても、辺地にいても、栄位・栄転ということで、裁判官は満足させられるだけのものがあった。それが戦後はなくなってしまった、ということをここで強調しています。

「全国を一〇とすると、東京は五ぐらい、大阪は二か三です。あとの二か三を、残りの全国で分けている。だから、名古屋は一ぐらいです。最初に名古屋控訴院管内に配置されると、極々早いうちに、『あれは、良くできるから、東京に呼んでやろう』『大阪に呼んでやろう』と言われない限りは、一生、名古屋控訴院管内の裁判所を回って、定年を迎えるということがあったようです」

「九州は、いわゆる『九州モンロー主義』で、ある意味で独立王国でした。四国となると、それ自体に独立した控訴院がありませんでした。大阪控訴院と広島控訴院とで、分割所轄していたわけです。軍隊の徴兵区もそうでしたね」

「北海道は天領のようなもので、一種の植民地扱いでした。植民地というのは、案外いいんです。『ちょっと行って来い』と言われたような人たちがいるんです」（一六七ページ）

戦前はこういう形で各地域に分かれていて、東京、大阪でないところでも、それなりに所を得ることができたと言っているわけです。

矢口は、裁判官の再任問題について、次のように言っています。

「何で裁判所の十年の任期だけは、任期であるにも拘《かか》わらず、『必ず再任につなげなければいけない』とお思いになるのか。

戦前は終身官だった。退職しても、一生判事だった。『退職判事』と言うわけです。しかし、戦後は十年で切れるんです。切れたまま放っておけば、そのままです。それを、十年で切れたら、なぜ当然任期をつなげなければいけないのか。（中略）再任の義務なんて、無いんです。任命しなければ、それまでなんです」（一六九ページ）

これはさきの宮本問題に絡めて、一般論として矢口が語っていることです。

「裁判官の『自分たちの職責は重いのだ。自分たちの報酬が検事と一緒では困る』という主張の中に、不思議に『任期制がある』という主張はあまり出て来ないんです。一般には、それを意識していない。任期ということを、一番気にしたのは、東京・大阪という大都会の裁判官です。地方の裁判官は、転出しても、それはそれで良いということでしょうが、東京・大阪の人は、地方に出されたら困る。子どもは学校に行っているし、せっかく、こうして東京、大阪でやっているのに、何で自分が行かなければいけないのか、と思う。（中略）

『検事は上命下服で決定権がない。しかし、裁判官は自分で決定して、国家意思を発動する。だから、検事とは違う』という意識のほうが強かったのではないか。特

に、検事と較べて常に問題になるのは、刑事の裁判官です」（一七〇ページ）

ここで矢口は、検事、刑事裁判官、民事裁判官という三つのタイプの違いを強調しています。それに関連して、新刑訴派の問題をはっきりと扱っているので、次に紹介しておきたいと思います。

検事に対抗するためのプロセス

矢口はこう言います。

「新刑訴派と言われている考え方の方々がいましたが、何故そういうふうに、特に取り上げられたかと言うと、偏《ひとえ》に検事に対する対抗勢力として、刑事の裁判官を満足させたということがあったように思います。戦前から、ずっと司法省の重要なポストを占められ、裁判は裁判で、検事正以下の縦の一致団結というようなものに、煩わされてきた。そういう刑事の裁判官に対して、新刑訴派は、集中審議をやり、『法廷中心主義で行こう』というふうにして、検事のこれまでのやり方に注文を付けてきた。だから、『それこそ、裁判所の今後の歩む道だ』というのが、新刑訴派を刑事の裁判官が重視した理由なんです。
新刑訴派の中心は岸盛一さんです。岸さんは〔裁判所の〕所長もやらないで、〔最高裁の〕事務総長（昭和四十年六月～四十五年七月）をやっています。東京高裁長官（昭和四十五年七月～四十六年四月）を、ちょっとやられた。岸さんは少なくとも司法行政については、そんなによくはご存知ない。そこで、東京ならお膝元ですから、幾らでも手助けができるのです」（一七一ページ）

検事に対抗するために、刑事裁判官が新刑訴派という形でまとまっていくプロセスがあったことをここで言っているわけです。そして、最高裁判所の長官も〔いわゆる新刑訴派の〕石田和外になります。

「石田さんに連なる岸さん、それから当時、人事局長をしていた矢崎憲正さん、横川敏雄さんといった、いわゆる新刑訴派の人々が事務総局の中枢を占めていたわけです。その人たちの考え方というのは、『これは何とかしなければいけないのではないか』というものだったと思います。『何とかしなければいけない』というのは、『このままでは困る』という意味で、そんなに右翼的ではないんです。『裁判官の独立』と言っても、やはり限度があるじゃないか、何でもしていいということにはならないじゃないか、という考え方です」（一七二〜一七三ページ）

ここからの話の展開の中で、青法協所属の裁判官に退会を勧告する、昭和四十五年四月の岸事務総長の談話（声明）について、矢口ははっきりと批判しています。

「こういう声明書は、格好良く見えますが、裁判所は裁判で勝負すればいいのであって、声明書などで勝負してはいけないと思う。それはそれとして、そのあと、すぐ長官の記者会見のときが来ます」（一七四ページ）

事務総長の声明書と長官の記者会見に関して、矢口は非常に違和感を覚えていたことになります。そういうことがあった上で、矢口は四十五年の暮れに人事局長になります。本来なら横滑りはないはずなのに、人事局長になる。このときもまた事前に前触れがあったわけでも何でもないと言っています。

これは宮本問題と絡んでいると思います。衆議院の法務委員会で、矢口はこの問題について答弁しなければならなかったからです。

「私が答弁すると、みんな黙って聞いてくれる。当時は事務総長が吉田豊さんで、吉田さんがちょっと発言されると、傍聴席から不規則発言が出たりしました。私が局長になって、『あいつがいる』というふうに思われたのは、その前のナイキ基地訴訟のときの行政局長としての答弁と、その前で言えば、四大公害訴訟のときの民事局長としての答弁ですね。そういうことがあって、『まあ、良くやった』ということになるんだろうと思います。

私が人事局長になるとは、思ってもみないことでした。それまでは、事務総局の局長に横滑りということはないんです。私を人事局長にしたのは、ナイキ基地訴訟等の実績で、『あれに任せれば、ちゃんとやるだろう』ということでしょう。もちろん、一部の人たちは反対だったようです」（一七五ページ）

要するに、行政官的な能力があって、国会答弁がうまくできるということが認められたので、矢口は人事局長に横滑りになったということです。そして宮本問題についての結論が出てきます。なぜ、宮本裁判官だけが採用のときに問題になったのか、なぜそこに焦点が当てられたのか、ということです。

「なぜ、宮本氏のときに表沙汰になったかというと、それはナイキ訴訟以来、石田長官の記者会見の問題や、『岸声明』があり、そういったものが凝縮されて問題になった。そういうふうに、私は思っています。私が人事局長として、『採用名簿』に載せない原案を作ったのですから、『私の責任はない』などと、決して言うつもりはありません」（一七六ページ）

そう言うつもりはないけれど、裁判以外で最高裁判所の事務総局が醸し出している雰囲気の中で、それが一種の政治闘争になってしまって、その政治闘争の結果、矢口の人事局長としてのやり方が話題にされ、大きく扱われることになったわけです。

後藤田式②

役人の世界を熟知する

政府関係機関の総裁はやりたくない

さて、普通の官僚であれば、第二の人生は軽いポストに就くわけですが、後藤田の場合、ここからさらに、もう一つの官僚人生が続いていくことになります。それは田中内閣で官房副長官に起用されるということです。これは空前絶後の事態です。後藤田はこれについて、次のように語っています。

「私が田中派だというのは、内閣官房副長官になってからの話です。私が警察庁長官時代にいちばん接触があったのは、むしろ福田赳夫さんなんです。なぜかというと、福田さんが自民党のプリンスの時代なんだ。福田さんは幹事長もやったし、私は接触が多かった。ただし、どっちが古いかというと角《かく》さんの方が古い。角さんとは昭和二十七年頃からですから。福田さんは昭和三十年代に入ってですね。しかし私が次長、長官時代にいちばん接触があったのは、福田さんの方です」（上二七八ページ）

それと同時に、後藤田自身は、警察庁長官を辞めたあとの行き先について、次のように述べています。

「だいたい警察庁の長官を辞めますと、行き先が三つあるんです。ひとつは、政府機関の総裁とか理事長というポストですね。もうひとつは、晴耕雨読、どこかの顧問をやって生活費の若干は稼ぎながら、年金がありますから、自分の生活は維持できますからね。そしてできるだけ地味に生活をする。もうひとつは政治に出るという道がある。（中略）私がいちばんやりたくないのは、政府関係機関の総裁とかはやりたくない。いつも若い連中にはそう言っていたんです」（上二七九～二八〇ページ）

「政治については、私は辞めるときには決めていなかったんです。そこが世間の批評とは違うんですね。世間ではもう田中さんと話ができていて行ったな、と捉えた。というのは、六月二十四日に辞めて、七夕《たなばた》内閣だから七月七日にできた内閣で、間髪を置かずにと言ってもいいぐらいですね。二週間ぐらいだったから。だから初めからそのつもりだったんじゃないかという批評、批判を受けました。私は批判するのは当然だと思うけれど、実際は違うんです。私は休みたかったんです、半年ぐらい。本当にくたびれちゃった」（上二八〇ページ）

しかも田中・福田両氏に対して、後藤田は先ほどの発言からもわかるように、等距離でいたという感覚です。

官房副長官の捉え方

だから、非常に面白いことに、この官房副長官就任の経緯についての発言の終わりに次のように言っています。

「それからしばらく経って、何かの機会に福田さんに言われた。『きみ、おれがここ（総理官邸）に入っていてもここに来たな』とね」（上二八一ページ）

要するに、田中であれ福田であれ、総理大臣になったほうは内閣の官房に後藤田を起用しようという考え方が基本的にあったのではないか。自民党の中で、これからの内閣官房のあり方、政官関係のあり方を変えていく上で、後藤田を使おうという考え方がおそらくあったのだろうと思います。

このオーラル・ヒストリーをやりながら、最初に彼の話を聞いたとき、私は「いや、そうは言ってもこれは後藤田が政界入りするための言い訳ではないか」と思ったのですが、その後いろいろなものを読んでいま思うのは、これは彼の本音だっただろうということです。田中であれ福田であれ、とにかく内閣に入ってくれと言われたから彼が入ったというのは事実だろうと思います。

もちろん後藤田は政治が嫌いではなかったという言い方をこのときもしていますし、最終的に政治に興味があったから引き受けたという言い方をしています。

「官房副長官には政務と事務があるんだけれど、事務の副長官といえども、政治と役人の半々です。だいたい省庁の事務次官というのは、行政と政治の接点ですよ。あれは純粋に事務屋のトップだと思ったら間違いです。まして官房副長官というのは、事務の副長官といえども、それより政治の方に近いです」（上一八二ページ）

つまり後藤田が受けたときの感じ方としては、政治は嫌いではない、やってみたい。

その第一歩としてその官房副長官を引き受けたのではないかということです。ここで、官房副長官というものの捉え方が、それ以前とそれ以後でまったく異なることになるわけです。これ以前の官房副長官は、政治と役人の半々というポストではありませんでした。そのことについては、後藤田自身もはっきり言っています。

「少なくともいまと違っていたのは、私の時代ぐらいまで、もう少し後までかな、警察庁長官というのは官房副長官より上だったんですよ、評価が。僕の時は格下げなんですよ。全然格上げじゃないんです。

それはなぜかと言えば、官房副長官をやった人が警視総監になって、警視総監をやった人が労働次官になっているんだから。江口見登留さんがそうです。だから、昔のフワッとした雰囲気みたいなものがあるんですね」（上二八四ページ）

つまり、警察庁、警視庁はすでに出来上がった組織であるにもかかわらず、内閣官房というのは、この時も後藤田が「フワッとした」と言っているように、まだ定形がなかったわけです。その時その時の状況に流されて、官房副長官にはいろいろな人が就いていました。彼の前任者の小池欣一《きんいち》は厚生省出身者だったけれど、年次が当時の次官たちより若かった。しかも次官経験者でもなんでもないということになれば、この人が官房副長官として官房を仕切ることは、なかなか難しかったわけです。佐藤内閣は、官房については意外に気を使っていなかったんだなということが、逆にわかってきます。

睨みがきいて危機管理にも使える

後藤田は、官房副長官を務めたところから、やがて政治家になっていきます。それが中曽根内閣の官房長官につながっていく。今度は政治家であって、しかも役人の世界もよく知っているということで、役人時代とは立場が逆転するわけです。それが中曽根内閣の官房長官につながっていくという点についても、後藤田はみずから語っています。

「僕が官房副長官をやっていた仕事振りを見て、どうしても官房長官になってくれといったのが中曽根さんだ。中曽根さんは内務省では僕より二年あとだけれど、僕が官房副長官の時の通産大臣で、内閣での僕の仕事の仕方を知っているんだ。角さんとの連絡役にもいいなと考えていたのは間違いないね。それと仕事振りを見て、こいつなら各省に睨《にら》みがきくな、ということだな。もうひとつは、これは中曽根さんが公式にいっていることだが、危機管理の時に使えるなということじゃないですか。それでなければ煙たい奴をわざわざ持ってきませんよ」（上二八五ページ）

佐藤内閣の時代に後藤田が警察庁次長、警察庁長官としてやっていた警察行政について、これまで私が指摘してきた特色を、自民党政権はよく見ていたのだと思います。内閣にべったりではないけれど、きちんと仕事をする。そういう人を持ってきて内閣官房の中で一つの形を与えたいというのは、おそらく当時の多くの関係者が思っていたことではないかと思うわけです。

そこには暗黙の合意形成のようなものがあったのだと思います。それは本人も言っているように、のちになると田中派のイメージが強くなってきます。特にこのあと、昭和四十九（一九七四）年、参議院選挙において、一人区の徳島県選挙区で、田中が新人の後藤田を自民党の公認とし、三木派の現職久次米《くじめ》健太郎を非公認としたことから完全に〝田中対三木〟の争いの中に入ってしまうので、そこから見れば、後藤田は完全に田中派だったと見られてしまう。しかし、そうではなかったというのが正しい見方だろうと思います。

後藤田は、政府系の公団のポストなどはやりたくないから断ったけれど、官房副長官は引き受けました。こうして彼は官房副長官になるわけです。

「法制局長官を呼べということで、法制局長官も交代したんです。新しく就任したのが、次長をやっていたのかな、先頃プロ野球のコミッショナーを辞めた吉國一郎君です。それで昔でいう三長官、官房長官、副長官、と揃うわけですね」（上二八九ページ）

吉国一郎とのコンビで、後藤田が官房を仕切っていくという話になるわけです。ところで吉国一郎のオーラル・ヒストリーを終えて、ブックフォームの形で出しました。矢口と同じく報告書のスタイルです（東京大学先端科学技術研究センター・東北大学牧原研究室共編『吉国一郎オーラル・ヒストリー』上・下、二〇一一年）。それを読むと、吉国の法制局長官としての仕事ぶりと、後藤田の官房副長官としての仕事ぶりが、非常に対照的に浮かび上がってきます。いわばこの後藤田オーラルのクロスチェックを、吉国一郎のオーラル・ヒストリーが果たすということになるだろうと思います。いずれは、少なくともこの田中内閣の時期に関して、吉国一郎と後藤田正晴のオーラル・

ヒストリーを合わせ鏡のようにして分析したいという希望を私は持っているということを伝えておきましょう。そこでの有名な話は、閣僚発言を誰が記録するかということです。昔であれば内閣書記官長が記録しましたが、この時期は官房副長官が書くことになっていました。しかし後藤田は次のように語っています。

「僕は書くのがいやなんだよ。字がへただし、書くのが遅いし、いやだ。吉国君というのはメモ魔なんだよ。昔から有名なんだ。彼がピシッと書いたら一言一句直す必要がないくらいまとめて書く。素晴らしい頭の男なんだ。それで僕が初閣議の時、吉国君に、この閣議の閣僚の発言記録な、あれきみが書けよ、と言ったんだ。彼は、冗談じゃないですよ、それは官房副長官、あんたの仕事だ、と言うんだな。それは知っているよ、だけどきみはおれより月給が一号高いのはなんでか知っているか、と聞いたんだ。

法制局長官や宮内庁長官は、閣僚のすぐ下の月給ですから高いんです。副長官は政務次官と同じだから低い。事務はまたそれより低いんだ。今は一緒になっていますよ。だから、吉国君、おれより月給が高い理屈はどこにあるんだ、書くのが君の仕事だから月給高いんだよ、と言ったんだ（笑）」（上二九一ページ）

こういう半ば冗談のようなことですが、ここから見えてくるのは、格のうえからいうと、当時は少なくとも官房副長官よりは法制局長官のほうが格上であったということです。それが今日に至るまでに少しずつ逆転していくということを、ここで確認しておかなければなりません。

首相官邸の中で官房副長官の仕事として一番大変だったことは何か、という質問について後藤田は、「いちばん注意したのは公正な結論を出すということですよ。依怙《えこ》贔屓《ひいき》は一切しないということ」（上二九二ページ）と言っています。

矢口式②

多種多様な人材を集める

組織を動かすための知恵を働かせる

ここで矢口に話を転じてみましょう。

裁判官と司法行政の問題に関して、矢口が繰り返し言っていることは、次のようなことです。

「裁判官は、庁舎の管理なんて考えてもいない。『司法行政、司法行政』と言っても、きちんとやろうなんて思っていないし、また出来もしない。組合が職場闘争をやろうとしても、『俺の知ったことじゃない』とばかり、さっさと帰ったり、朝、出て来るのも、遅いままです。管理者の意識は、全然ない」（一七七ページ）

ここで強調されているのは、裁判官は裁判をするだけの存在であるということです。その裁判についてもいろいろ問題はある。しかし裁判以外のことはやらない。裁判所が、裁判官と事務官が一緒に仕事をしている一つの組織だとすれば、当然、その組織を動かすための知恵、人事から始まるすべての知恵を働かせなければいけないのに、普通の裁判官は、それは裁判業務以外のことで、自分の本務ではないと思っている。それが、司法行政のプロ、やがて「ミスター司法行政」と言われることになる矢口の見方であったと思います。

石田和外長官をボスにして、岸盛一をその下に置いた形の新刑訴派が、〝一強派閥〟のようになって存在したことについては、このあとも矢口は縷々《るる》述べています。最終的に新刑訴派との関係で矢口が言っていることは、人事の問題です。

「人事局長は、私を後任にする気はなかったのだろうと思います。そのとき、事務総長の吉田豊さんが、『矢口にする』と言われた。石田さんは、『総長が使うんだから、総長の言う通りにしようじゃないか』と、決められたわけです。実は、そこで断ち切っておかなければいけなかったんです。私もそう言いながら、物凄い失敗をしていますけれどもね。自分のことになると、分からない」（一七八ページ）

結局矢口は、有能であるが故に、新刑訴派の対抗勢力として、人事局長として、みずからの力を強めていくことになります。

「裁判官が任期終了によって、いわゆる再任するときに、新任と同じように、『今度は、これとこれを採用します』というふうに説明するかと言うと、裁判官会議なんかでは、『再任』という説明をいたします。新任ではなく、再任ということは、その人の人物とか経歴、資格、形式的・実質的実力などを、改めて説明しなくても済むわけです。ある意味で、それらを説明したのと同じぐらいのものがあるという、事実上の効果があると思うんです。初めて採るんだったら、『彼は、こういう人間でして、こういう点が問題です』とか、『こういう点に特色があります』ということを申し上げなければいけない。再任の場合は、そんなことを言わなくても、『再任か、ああそうか』ということになりますね。ですから、駄目なときには、『世間でおっしゃる通り駄目だ。ここが困るんだ』ということを言うべきなんでしょうかね」（一八五ページ）

つまり、どういう理由で再任しなかったのか、ということを本当は言ったほうがいいのかなと矢口は考えているわけです。そして次のように言っています。

「戦前は司法省の課長が控訴院長や地裁所長に対して、偉そうな顔をしたということがあったそうですが、戦後も事務総局に、そのような傾向があるという指摘がありました。例えば、何か打ち合わせの必要があって、一、二の高裁の長官に来ていただいてお話をするとき、上座のほうに高裁長官が着席され、下座に事務総長、局長、課長が座って話をします。そういうときに、ある長官は局長に対して、『お前、立ってやれ』と言ったりされるのです。それは、ある意味では、そういう見方もあるかも知れないけれども、テーブルに〔ついて〕座って話をするときに、立っていては、やりにくいですよね。（中略）

事務総局は形の上では、一線を大事にするような格好をして見せる。しかし、ある地裁の裁判長なんかは、物凄く裁判第一主義のようなことを言っていた。『裁判長というのは、一番偉い』と言う。しかし内心では、何とか最高裁事務総局の局長になれないかと思っていた。なりたくてなりたくて、しょうがなかった。形の上では、司法行政事務をやることを一番軽蔑しているわけです。『裁判第一主義だ』と言っている人ほど、実は事務総局の仕事がやりたいわけです」（一八七ページ）

こういうところに、裁判官の表と裏が表れています。裁判が第一だと言いながら、現実には司法行政に携わりたいという人が現実には存在するという状況が、ここで語られています。

司法行政は人事が中心

では、その事務総局には、優れた人材が集まっているのでしょうか。

「率直に言って、事務総局には、いい人材を集めています。事務総局と、研修所の教官と、最高裁調査官、その三つは、いずれも一番いい人材を集めている。その功罪は問われるでしょう。けれども、いい人材でないと、国会なんかはまだいいですが、大蔵省など行政官庁と折衝するときに、対等に折衝できないんです。裁判では、法服を着て、あそこへ座れば、当事者は言うことを聞くんです。しかし事務担当として司法行政をするにしても、法案を作る法制審議会の幹事、あるいは幹事の下請けをやるにしても、委員になるにしても、そういう後ろ盾はありません。法務省との折衝、大蔵省との折衝、法制局との法案の折衝、国会との折衝等についても同様です。大体、そういうことのできる人は、裁判もできるんです。裁判しかできないのでは、困るんです。残念ながら、そういうことだと思います」（一八八ページ）

最高裁判所を中心とする全国の裁判所の組織体系は、予算などの問題では普通の行政庁と、立法の関係では国会と、渡り合っていかなければなりません。渡り合っていくためには、それにふさわしい人材が必要です。裁判しかできないというのではなく、多種多様な人材を持っていなければ、現実に困るのだ、ということを、矢口ははっきり言っています。

「結局、司法行政を裁判官会議で決めると言っても、できないんです。それは観念論です。それは、ちゃんと説明をしてくれたら、答えは出せるというか、イエスかノーかぐらいは言うでしょう。しかし、詰めていけば、実は最高裁判所の十五人と雖《いえど》も、『十五人で司法行政を決めるんだ』と幾ら言われても、どうか。だって、三千何人の裁判官がいて、二万何千人の職員がいて、それこそ立法も行政も予算も人事も、そういうもの全部について、詳しく裁判官会議でやろうとしても、できません。説明を聞いて、『そうか』と承認するものもあります。

『それじゃあ、誰がやっているんだ』と言えば、それは長官に直結している事務総長の下の、事務総局がそれをやっていて、『こういう問題がございますから、こういうふうにいたしました』と言って、ご説明をする。そのことは、人事院の人事官の会議にしても、会計検査院の検査官の会議にしても、みんな同じだと思います。（中略）それでも、まだ人事官や検査官は、それが本職です。ところが、最高裁判所に至っては、実は裁判が本職ですから、司法行政のことは十分には構っておれない」（一九〇ページ）

これは矢口の話の中に繰り返し出てくることですが、裁判所はこういう矛盾を抱えている——矢口が常に強調しているのは、この部分です。

「司法行政は、ほとんど人事が中心です。なぜ、この人を昇級させて、この人を昇級させないのか。この人は転勤をさせるかどうするか、というようなことについて、地方裁判所の裁判官会議で、何を決められるか。だから、司法行政は裁判官会議が決めると言っても——物にもよりますが——そもそも、そういう不可能なことを書いてあること自体の中に、裁判所の問題点の一つがあると言わざるを得ない」（一九〇〜一九一ページ）

書かれていることと実態とのあいだに乖離があって、そこが常に問題にされるということを矢口は言っているのです。

「高裁では、高裁長官が事務局長と一緒に、所長から順次説明を聞いて、そこでまとめる。高裁管内での異動と、管外への異動、あるいは『誰それは、高裁にもらえないだろうか』とかいうような案を立てて、その案を事務総局に送るわけです。

事務総局では、全国八箇所の高裁の、それぞれの案が出て来ますと、その調整をして、『じゃあ、こういうふうにしたらどうか』というようなことを言う。その間、分からないところがあれば、電話で任用課長が高裁の事務局長と連絡して、『こういうところは、どうだ。これは、どうだ』と意見交換をするんです。（中略）高裁の事務局長は、人事局の次長のようなものですね。（中略）事務総局というのは、こと人事に関しては絶大な権限を持っていて、将棋の駒を動かすようにやっていると、お思いかも知れません。しかし、そんなことはないのです」（一九一ページ）

一般の事務調整を最終的にやるのが事務総局の役割であって、そこをいかにきちんとやれるかどうかがポイントになるのでしょう。

「裁判は、まあ何とかできるが、事務は駄目だという人はいますが、事務はできるが、裁判はできないという人は、不思議にいませんね。（中略）［行政官の］Ⅰ種で法律職の方を、いま年間二百七十人〜二百八十人ぐらい採っていますね。そのうちの半分ぐらいは大丈夫でしょう。ただ、昔の裁判官だったら、百人裁判官を採って、事務官として総局にどれだけ出せるかというのは、ちょっと問題だったかも知れませんが、今だったら大部分の方は大丈夫です。私は、百人のうち七十人ぐらいは大丈夫だと思うんですが、玉を磨いていないんです。そういう人を地方の本庁や支部に置いたのでは、結局、玉を磨いたことにはならない。非常に視野が狭くなってしまう。ずっとあとになって、行政に持って来ても遅い。

私が勝手にやらせてもらえるんだったら、行政官にも適当に裁判官の資格を付けたいぐらいです。『法服を着て、明日から法廷をやれ』と言われても、それはやれません。私だって長い間、事務総局にいたあと、法廷に入って、最初の事件をやるときは、くたびれました。一週間もすれば、慣れましたけれどね。だから最初は困るでしょう。しかし、すぐ立派にこなせるようになると思う。ひと通り研修をすれば使えると、私は思う」（一九二〜一九三ページ）

裁判官の裁判は特殊なものではない、普通の人間でもできることで、むしろ行政官の優秀な人間であれば、それに研修をさせて、裁判官にした方がいい、というある種の普遍主義のようなことを矢口は盛んに言っています。

“他流試合”の必要性

逆に法務省に出向する判事もいます。そういう人について、矢口は次のように言っています。

「二つあるんです。『あれを欲しい』と言って来る。それは、法務省がその人物を非常によく知っている場合です。だから、悪い人は指名してこない。『あれ、くれないか』と言われると、大体は、ちょっと困ったなと思うことが多い。でも、せっかくのご指名だし、出しますね。それから一般的には、そこが問題なんですが、事務総局に採るよりも、法務省に一番いい人を出さなければいけない。ただ、それが出せないのは、大蔵省が経企庁の官房長の人事を必ず持っているような、そういうシステムになっていないからです。こちらでコントロールができていないんです」

（一九三〜一九四ページ）

行政官庁の出向人事のように、決められたポストがあって、必ずそこを通って、その人間が本省に戻ってくるような仕組みになっていれば別ですが、裁判所と法務省のあいだでは、そういう形が定まっていない。だから、うっかり出すとそのままになってしまう。しかし、ここで驚くべきは、事務総局よりも法務省のほうに良い人材を出さなければならないと矢口が断言している点です。それはなぜかというと、そこで初めて〝他流試合〟が行われるからです。

実は裁判所から法務省に人材を出す体制が決まっていないところから、法務省は裁判所を批判していた、と言っています。

「戦後の竹内寿平《じゆへい》さん（昭和三十九年七月〜四十二年十一月、法務次官）、大沢一郎さん（昭和四十二年十一月〜四十四年三月、法務次官）ぐらいまでの法務省というのは、相当裁判所を批判されていました。（中略）要するに、裁判所というのは戦後の新興官庁で、しっかりしていないということだったのでしょう」（一九五ページ）

裁判所が、戦後は最高裁判所を中心に、司法・立法・行政の三権の一つとして取り扱われ、総理大臣、衆参両院議長と最高裁判所長官は同じレベルであると言われながら、現実の裁判所は、人事面の体制が外との関係で適切でなく、新興官庁だと思われている。それはシステムとしてうまく行っていないと見られたからだ、ということは、人事局長としての発言として注目すべきではないかと思います。

後藤田と共通する考え方

これらと関連して、人事局長として矢口がやったことは、昭和四十七（一九七二）年五月の沖縄返還に絡む法曹の問題でした。沖縄返還前、沖縄と日本では法曹の制度が違っていました。沖縄の本土復帰の時に、それをどうするかが問題になります。結局は、全国を平等にしようと特別措置法によって二回の選考を行い、沖縄の旧法曹の人たちを合格させました。その数は五十人ぐらいだったそうです。

「このとき、『これらの方々は、本土の裁判官にはできない。沖縄で、そういう資格を取るのはいい。だから、沖縄に置いたままにしておく。こっちに連れてこない。こっちからも、行かない』と。それは本気で考えられていたらしいのです。その方針で、ずっと来ていたんです。

沖縄返還は、昭和四十七年ですね。私は、四十五年十二月に人事局長になったわけです。私は最初から、そういうことはいけないと思った。彼らも、裁判というものを、沖縄で昭和二十年から四十七年までやってきているじゃないか。資格を与えた以上は、『全員が本土に来てもいい』とまでは思わないが、できるだけ本土に採ると同時に、こちらからも最優秀な人材を送るべきだということで、いろいろ交渉しました」（二〇〇ページ）

この考え方は、後藤田の人事に対する考え方と同じです。後藤田は、鉄道警察と普通の警察官を一緒にするときや、沖縄返還時の警察官の問題を、平等に取り上げるように主張しているところがあります。そういう意味では、矢口も後藤田も、考えているところは同じであって、沖縄のレベルが低いとか、鉄道警察は少し落ちるという差別主義はいけない、それを包含することによって彼らにも伸びてもらう、異種混合というか、異なるものを入れることによって、本来のものも伸びてゆくという発想が、非常に強くあったと考えることができます。

人事担当者の怖さ

そして矢口は、再び東京高等裁判所を切り口にして、東京高裁事務局長の占める位置、次いで最高裁判所長官と人事局長との関係について、具体的に述べています。これはこれまでまったく語られなかったことだと思います。

「東京は最高裁直轄の研修所とか調査官とか、いろいろあるので、東京高裁の事務局長というのは、ちょっと、ほかと違うんです。（中略）それを全部、東京高裁だとすると、質を勘案した場合、全国の裁判官の五割を占めています。大阪高裁は二割ぐらいです。あとの三割ぐらいを、残りの六つの高裁が占めている。ウエートとしては、東京高裁が圧倒的です。

では、東京高裁長官はそんなに偉いかと言うと、東京は最高裁がありますからね。高裁長官で一番大事にしてもらえるのは、大阪高裁長官です。九州（福岡高裁）は、いわゆるモンロー主義的な（相互不干渉的な独自性を持つ）ところがあり、管轄区域も沖縄まであって広いですから、十分仕事ができます。それから、何もしないで済むのは、札幌高裁の長官です。これは、裁判官がみんな紐付きで行っていますから。しかし、いずれにしろ、東京以外の高裁長官は大事にしてもらえる。そうして、東京高裁の事務局長は、任用課長に次ぐと言うか、任用課長以上と言うか、人事については重要性を持っています」（二〇九〜二一〇ページ）

全国に八つの高裁があると言っても、人事上は圧倒的に東京高裁で、半分以上を占めている。その人事に関与する東京高裁事務局長は、現実には非常に大きな力を持っていると言っています。一般的に名称を見ているだけではどこが一番偉いかわかりませんが、やはり高裁の事務局長は、最高裁の人事局長の下にいて、すべてが見える位置にいる。だから人事局長は、それを通して人事が見えるということになるのだろうと思います。では、人事局長がすべてをわかっているかというと、矢口は否定的です。最高裁裁判官の人事について、人事局長を務めたといってもよくわからない、という言い方をしています。特に人事のあり方について、次のように言っていることは注目すべきでしょう。

「原案の作成や資料集めは、ノン・キャリアの事務官任せだったようです。そうすると、事務官は、『あれは、誰の女婿だ』とか、そんなことばかりです。こんなことを申し上げては悪いけれども、私が人事局長をやり、事務総長をやり、長官をやって、『こうしよう』と思ったことで、その通りにならなかった人事はありません。それは、長官になってからは、『こうしよう』と思ったら、できるかも知れません。しかし、私が人事局長のときでも、『次は、こう。次は、こう』というようにして、案を立てて、大体その通りになっています。だけど、それは私がやったんじゃない、長官がやられたことです。長官の心を読めないような人事局長なら、人事局長ではない。場合によっては、『その案は、おやめになったほうがいい』ということを言えない人事局長なら、人事局長ではない。それは、事務官です。そこに、人事担当者の怖さがあるのでしょう」（二一二〜二一三ページ）

これは、人事について非常に透徹した物の見方だと思います。つまり人事局長は、長官の意を体しながら、しかしその長官の意が、全体のバランスを欠くようなものであるときには、それに対して異なる意見を述べなければならない。ということは、結局、人事局長の思う通りになっているわけです。それが人事担当者の怖さであると、矢口みずからが言っているところにつながっていきます。だからこそ、次のように言うことになるのでしょう。

「別に、派閥をつくろうと思ったわけではありませんが、外部から見れば、私の目に狂いがあったと思っている人は、たくさんいるかも知れません。派閥人事をやったと思うかも知れません。それを派閥と言われるなら、しょうがないが、ちゃんと説明はできると思います」（二一三ページ）

矢口が人事局長としてやったことは、人事局長としての人事の展開の中で、次第に新刑訴派と呼ばれている人たちを、最高裁の事務総局の中から外に追い出していったことです。その結果、彼がやりたい人事がやれたということは、彼の好む人がそのあとに座っていったという意味で、一つの派閥と言えば派閥です。ただ、これは戦前のことについて矢口が言っているように、派閥と言っても、対抗する派閥が二つあるわけでは決してありません。一つが派閥化して、そうでないものがいる。そして次の派閥が出てくるというのが、裁判所における派閥的構成になっている、と矢口は言いたかったのではないかと思います。

それでは矢口は、どれぐらい先までの人事を読んでいたのでしょうか。

「相当先のほうまで考えることは、そんなに難しいことではありません。それがで

きないようだったら、裁判だって、できません。裁判というものも、そういう仕事も、結局同じだと思います」（二一三ページ）

後藤田式③

暗黙知のネットワークを作る

局長クラスを集めた委員会を運営

一方、田中内閣の官房副長官となった後藤田は、このころすでに辣腕を発揮しています。

田中内閣のメインテーマは日本列島改造でしたから、土地問題について専門家で議論をすることになりました。

「これが後に『後藤田機関』といわれまして、情報機関であるかのように言われて、それこそ悪意の宣伝をやられたんですね。これは悪意の宣伝です。そうではなくて、これは土地問題の検討のために、総理にいわれて作った私的な研究会なんですね。毎週一回、八時頃から十時ぐらいまで二時間ぐらい、総理官邸の中の小食堂で会議をずっとやりました。

メンバーは各省のほんとうに俊秀を集めたんです。いちばん古い人が大蔵省から来た高木文雄君（当時、主税局長）だった。その次が農林省から来た三善《みよし》信二君、熊本県出身で後の参議院議員で早く死にました。それから経済企画庁から下河辺淳《しもこうべあつし》君（同、総合開発局長）。建設省からは後の国土庁次官になった河野《こうの》正三君（同、宅地部長）。労働省から来たのが、内務省の先輩の息子で、佐賀県から衆議院議員になった大坪健一郎君（同、大臣官房審議官）。いちばん若いのが粟屋《あわや》敏信君、これは建設省で、いま代議士に出ているでしょう。（中略）

私の気持ちは、土地は自由な商品ではない、という結論を出してもらいたかった。（中略）もう少し公共の福祉を優先して、所有権のほかに利用権を強くしたらどうかという気がしていた。それで毎日検討したんです」（上一九三〜二九四ページ）

しかし結局、所有権は絶対ということになって、そのときの考え方と少し違ったけれど土地利用計画法に移っていったのだ、という話を後藤田はしています。公共の福祉が優先ということがこの時の重要なテーマであって、それを実務レベルでどう解決するかを話し合うために、後藤田は当時の局長クラスを集めた。各省の局長クラスを集めてこういう研究会を運営できるということが、すでに後藤田の力量をはっきり示しています。これまでのように年次が新しい官房副長官であれば、到底こんなことはできなかったわけです。こうした官邸の中での仕事がうまく行ったことについて、後藤田はチームワークが良かったと言っています。

「それはよくとれていたな。別段、ワーワー話をしなくて済んだような気がするね。普通の会話のなかで話がついてしまっているから、ことを改めてきゅうきゅうしたことはない。人の組み合わせですからね。やはり最初が重要でしょうね。途中で替えるというのは難しいから」（上三〇二ページ）

これは一見抽象的な発言のように見えますが、実は非常に重要なことを言っています。田中首相、二階堂進官房長官、山下元利《がんり》政務官房副長官、そして後藤田と吉国、こういう人たちのある種のネットワークがうまく働いているということです。これは平成二十一（二〇〇九）年の総選挙で民主党に政権の座を明け渡した最近の自民党とは際だって違います。ある種、ツーと言えばカーと言う、誰かが何かを言えば、そのことを別の人が引き取るということが日常的にできる。ある種の暗黙知のネットワークが、この時期にはできていたことが、後藤田のこの発言からわかります。それがないと、一つのことを動かすために、ものすごい時間と手間暇がかかるわけです。それがスッと行くかどうかは、このチームワーク、ネットワークにかかっているわけです。

そういうことをこの後藤田の発言から窺い知ることができると思います。

黄金時代の自民党

もう一つ、後藤田官房副長官が、田中首相の政治的手法をどのように見ていたのかがわかる発言があります。

「ひとつは政策立案に当たって、官僚を非常に重視するんです。（中略）関係省庁の局長の意見というのは非常によく聞くんですよ。勉強会にも出てくるんです」（上三〇七ページ）

政策立案の際に、官僚を非常に重視したということが一つ目のポイントです。

「二番目は、そのかわり大臣の頭越しだ。総理が各省庁の官僚と協議をして、その過程で作成された政府原案、これが上から政府なり自民党に下がっていくというこ とがある。だからよほど党の中に総理大臣の政治基盤が強くないと引っかかっちゃう。総理大臣というものは、政府各省の総合調整にも相当な力量がなければならいけれど、同時に議院内閣制は政党政治ですから、政党の中に強い基盤を持っていないと、なかなかこういう芸当はできないということですね。（中略）

それから三番目は、それだけに田中さんというのは、人事に非常に詳しい人ですね。個々の政治家の人柄なり、当選回数なり経歴なり、党内の地位なり、これは全部そらで覚えている。それだけでなしに、各省の課長以上の有力な人はみんな知っている。特に役人の扱いが非常に上手な人ですからね」（上三〇七～三〇八ページ）

田中総理は局長クラス以下の官僚を抑え、政党政治家である大臣の頭越しにやりたい政策というものを作ってしまう。そのためには、自由民主党というものに強い基盤を持っていなければならない。当時田中派は最大派閥になっていましたが、そういう基盤を持っていないと、頭越しにやることはできない。そういう力を持っていたからこそできた。政治と行政が、その意味で極めてうまく動いていた。黄金時代の自民党とはこういうものであったと言えると思います。

さらに官僚の人事についても後藤田は触れています。

「田中さんは、閣議の了解を経なければならない各省の役人（局長以上）と政府関係機関の人事（総裁、理事長、理事）については、事前に必ず内閣官房の了承を得ておいてもらいたいということでクギをさしちゃった」（上三〇九ページ）

ですから、まず内閣官房が人事案件を見る。もちろんそれを取り替えるわけではないけれど、そこで了承を得ることにして各省に緊張感を与えることで、官房に対する絞り効果が出てきた、すなわち、いい加減な人事をしない、適材適所でやるようになった、と後藤田は言っているのだと思います。

ぎりぎりまで政治に近づく

そうこうしているうちに、後藤田は昭和四十九（一九七四）年七月の選挙に出て政治家になる決心をするわけです。四十七年七月に官房副長官になってから二年経っています。

「国土庁の構想のちょっと前くらいに、その長官をやれと言われたんだ。それで僕は、ご配慮は大変ありがたいけれど、議員のバッジを付けていない大臣なんていうのは、国会の中に入ったら、僕などが見る目は、とてもじゃないが情けない存在だ、それはご免こうむる、と言ったことがあるんですよ。総理自身も選挙に出そうか出すまいかという迷いはあったかもしらんわね。もしここで出ないということであれば、国務大臣にしてしまおうと。それは僕がお断りした」（上三二四ページ）

これは田中角栄が選挙に出るかどうかの決断を後藤田に迫った場面です。田中は後藤田を大臣にするというが、大臣にされたら政治家として立つのは難しいかもしれない。田中は後藤田を政治家にする気はないのか。後藤田はそこで長期的に考えて、出馬することを考えたといいます。

「私も状況によれば衆議院に出ようという気持ちを、だんだん持ってきたわけです。というのは、官房副長官をやっていますと、事務担当といっても、僕は人事その他いっさい任されたりいろいろなことがありましたから、仕事の中身は政治の方に軸足があるんですね。そういうことがあって、場合によれば出ようかなと思いました。事務屋では限界がありますからね。ところが、田中総理と二階堂官房長官から、それは無理だよ、というお話がありました。ことに二階堂先生からは、とてもじゃないが今からじゃ無理だよ、と言われました。同時に、お二人からは、『選挙になると官邸にひとりもいなくなる、それは困るから選挙をやるのなら次の機会にしたらどうだ』といった話がありました」（上三二四〜三二五ページ）

おそらくここで言われているのは、昭和四十七（一九七二）年十一月の解散のときのことだと思います。そのときの選挙に出るかどうかというと、それは無理である。そして、結局その次の参議院選挙に出るという話に発展していくことになるのだろうと思います。

ここから先は、後藤田が政治家として苦労する話になります。ですからここまでが、後藤田が政治に近かったとしても、行政の立場にいたときの話です。警察庁長官、そして官房副長官と続けたところで、彼の仕事の領域は広がり、そこで官僚としてぎりぎりまで政治に近づきながら、その仕事を終えたことになります。そしてさらに飛躍するために参議院選挙に出ることになるわけです。

このあと、三木との「阿波の大戦争」という話になって、これまた様々な逸話が出てくるわけですが、本章では後藤田についてはここまでとして、次章では中曽根内閣の官房長官としての後藤田について述べたいと思います。

矢口式③
あらゆる準備をしておく

さて、最高裁事務総局の人事局長になった矢口は、最高裁判事の人事についてどのような考えを持ち、実際どのように動いたのでしょうか。矢口はかなり持って回った言い方をしています。

最高裁判事の選び方

「最高裁判事の場合、『長官の意向は分からないけれども、こっちで勝手に根回ししておけ』なんて、そんなことは考えられません。それは、長官がどういうふうにお考えになっているかということを、以心伝心であるのか、長官が『これで行こう』とおっしゃるのか、それはいろいろな状況がありますが、長官が総理に会われて、長官の意向が実現できないような状況は、私には考えられません。根回しをするとか、しないとかの問題ではなく、長官の意向の実現に、あらゆる準備をするのが事務総長、人事局長等、人事担当の部下の仕事でしょう。その意味で、根回しというような表現は、正確ではありません」（二一四ページ）

しかし、そうは言いながら、事実上、根回しをやっていることは、次のような言い方に表れています。

「裁判官の人事で、長官が総理に会って初めて、『後任は、この人で……』と言って、総理が『ああそうか、そうしよう』と言うわけがないじゃないですか。総理官邸の意向と、長官の希望とが合致するのが最も望ましいと思います。その場合には、短い会談で決まることになります。人事担当者としては、最も嬉しい状況です」（二二四ページ）

最高裁の判事の選び方の一つとして、さらに矢口は次のように付け加えています。

「それは、行政官から誰が入るかというときに、『誰を考えているのか』と言えば、官邸も総理が一人で考えているわけではないでしょう。行政官から最高裁判事になるような人は、大体、官房長官、官房副長官ぐらいのところで考えているんです。そう言っては何だけれども、後藤田正晴さんという人は、大したものでした。それから保利茂さんも官房長官として、力を発揮されたようです。その点、二階堂進さんなんかは、どちらかと言うと、あまり関心がなかった。竹下登さんは、人事のことはよく考えられました」(二一四〜二一五ページ)

ここに後藤田の名前が出てきます。後藤田が官房副長官になってから以降は、矢口はすべての人事を後藤田正晴と相談したと言っています。後藤田からオーケーが出れば、それでうまく行ったということです。後藤田と矢口の関係は、この時期の司法行政と内閣官房とを考える上で非常に重要で、ずっとつながっているということです。切れていない。このへんから、矢口と後藤田はネットワークを形成していくのだろうと思います。

そして人事については、「ひょっとしたら」と思わせてはいけない、と矢口は言います。

「例えば浦和の地方裁判所長で、自他ともに、浦和で定年だと思っていた。ところが、たまたま東京か横浜の地裁の所長が病気になった。『人がいない』ということで、そこへ転出することになった。東京の所長でお仕舞いだと思っていたら、たまたま何らかの理由で地方の高裁長官のポストが空いて、その人を持って行く。そうすると、東京または横浜の所長をやったのだから、『これは、高裁長官になれるかも知れない』と考え始める。また、東京の所長になって、本人はそれで十分だと思っていたのだが、地方の高裁長官になった。『次は、東京高裁長官になれるかも知れない』と思い始める。それは、不思議なものです。だから、かえって気の毒ですね。

もっと言いますと、東京高裁長官で、『もう、これで最後』という方がいるわけです。一方、東京高裁長官を経て、いずれ最高裁に入られるだろうという人もいます。二種類がある。そこで止まりの人は、本来なら東京高裁長官ではなくて、札幌高裁長官あるいは仙台高裁長官のままだったら、『俺は、高裁長官にまでなれた』と思って満足する方なんです。それが、たまたま東京高裁長官になられたばかりに、『ひょっとしたら、最高裁に入れるかも知れない』と思う。『何で、俺が入れなかったんだ。俺の後輩が先に入った』と言って、何となく恨みに思うというか、不満が残る。そういうことがあるんです。

法務省のやり方は、初めから決めているんです。次官になったら次長検事、次長検事になったら高検検事長、高検検事長になったら検事総長と……。こういうふうに決めて、それを大体変えないでおりますと、なった者も安心するし、周囲の人も立命〔納得〕する。裁判所のやり方だと、（中略）非常に心穏やかではなくなってしまうのです。どっちのシステムを採るか。法務省の『確定システム』というのは、それはそれでメリットがあるんです。詰めていくと、最高裁は事務総長をやったからと言って、どうなるか先は分からないんです。法務省は次官をやったら、特殊の例外はあるにしても、検事総長になる。私は、法務省のシステムのほうがいいのかも知れないと思いますね。人事というのは、そういうものなんですね」（二一六ページ）

これは人事の機微を言い得て妙です。組織の人事を見る上で、これはポイントです。後藤田のところで見たように、警察庁の次長は、長官になる、警視総監になる、次長止まりであるということはだいたいわかっている。検事の場合も、上がり方は決まっている。ところが裁判所の場合はそれがない。「確定システム」でないところが問題になってくるわけです。矢口はあえて、法務省のシステムのほうがいいと思う、と言っているのです。

裁判で勝負する

では、裁判の実態について、矢口はどのように見ていたのでしょうか。
なぜ裁判官に不祥事が起きるのか。警察の不祥事の問題もありましたが、裁判官の不祥事が起きるのも、それなりの理由が考えられています。

「各人は、一つ一つの事件について一所懸命やりますよ。決して手を抜くということはしませんが、それにしても楽な事件と、どうも分かりにくい事件と、いろいろなものがある。ああいう裁判を、二一四か二十五歳で判事補になって六十五歳までやっていたら、人間がおかしくなる。おかしくならない人間は、ならないのが、おかしい。そういう意味でも、キャリア・システムはいけない。せいぜい五年もやったら、もうほかのことをやりたくなるでしょうね。裁判官の数を増やして、楽にさせてあげればいいというものではない。幾ら楽にさせても、同じことをやっていたのでは、嫌になる。そこのところを考えてみますと、私はキャリア・システムを採ってはいけないと思う」（二一八ページ）

キャリア・システムというのは、今日あるように明日があって、四十年経っても同じことをやっているというシステムです。これではいまの日本社会には対応できない、ということでしょう。さらに、こう付け加えています。

「最高裁判事なら、みな喜んで務めるかも知れない。それだって、嫌になるんですね。だって、同じことですもの。年に十件か二十件の憲法判断をするとか、そういうことに全力を挙げるのならいいですけれど、何千件というのを次から次へとやっていたらね」（二一八ページ）

違憲立法審査権のようなものを、実質的に行使しないという前提で、普通の事件を何千件も処理していれば、それは最高裁の判事でも地裁の判事でも同じことである、そういう裁判のあり方自体が、もはや限界に来ているというのが、矢口が言いたいことなのでしょう。

「最終的に裁判所の生きる道は何かと言うと、詰めていきますと、司法行政という問題は、全部捨ててもいい。その代わり、裁判で勝負するということです。（中略）小田急電鉄の問題で、せっかく高架にしたのに、『駄目だ』と言う（平成十三年十月、東京地裁)。あれは、まだ『壊して元に戻せ』とは言わないけれど、そのうちに『元に戻せ』という判決が出て来るかも知れない。それが裁判ですよ。大阪の大和銀行(ニューヨーク支店損失事件)の株主代表訴訟でも、(経営者個人に)『何十億払え』という(平成十二年九月、大阪地裁)。ああなるんです。今までやらなかっただけのことです。そういうことが司法で出て来るときに、どうなるのか。今までは、そういうことは一切持って来させなかった。(中略)

今まで考えることもできなかった問題が起こって来る。しかも、地裁で判決されるんですから……。熊本地裁の合議部に、『ハンセン病の事件は、こうである』とされて、総理から大臣から官房長官から、みな『悪かった』と言う。そんなことは、今まで考えられなかった。しかし、そういう問題が出て来ます」(二一・九ページ)

おそらく矢口が言っているのは、このまま裁判を続けていくと、とんでもない判決が出てくるということです。それは、裁判官が一所懸命やればやるほど出てくる。それをどういう具合に乗り越えていけばいいのか。さらにこうも述べます。

「一地裁が、ハンセン病で判決ができるんです。判決をしても、今まで大臣は、そんなものを相手にもしなかった。せいぜい中央官庁の局の課長ぐらいが、『そんなものは不当だ』と言って済んだものが、大臣が謝る。総理まで、遺憾の意を表する。今後は、そうなりますよ。小田急の〔高架〕工事だって、進行中でも、『駄目だ』と平気で言える。それが、今度の司法制度改革のインフラですね」（二四二ページ）

小泉内閣のときには、ハンセン病について、明らかに当時の内閣官房が出てきて、政治的解決をしたわけです。それと同じように、政治、司法、行政の関係が非常に密接になり、従来のように、それぞれがそれぞれの持ち場で判断する、ということではなくなってきているときに、逆説的ではあるが、今こそ裁判に懸けなければ駄目なのではないかというのが、彼の考え方です。

次長という役割

矢口は昭和四十五年十二月に人事局長に発令されましたが、約五年半後の昭和五十一年七月、人事局長から最高裁事務次長になります。

「人事局長というのは、どうしても長くなります。（中略）

ああいう一線業務と大きく違う官房業務には、後任を得にくいのです。能力のある人がいないわけではないんですが、だんだん特殊技能者になってしまう。高裁の裁判長なら、一人がどうかなっても、あと、幾らでもいるんです。ところが、それじゃあ、事務総局の総務局長はどうか。総務局長は国会担当ですから、これから国会が始まるというときに『替われ』と言われたら、困る。行政官なら、若い頃に質問取りから始めて、答弁資料の作成等をやっていますね。裁判所は、そんなことは全然やっていないんですから。予算のこともやっていない。人事のこともやっていない。裁判のことしかやっていない。だから、後任を選ぶのが大変なのです」（二二三ページ）

裁判官をもっと多種多様に育てなければいけないと繰り返し言います。彼の言い方を借りると、「いびつになる前に、もっと俗っぽい、まともな人間であって欲しい」ということになります。

「ところで、人事も長くなりましたから、もう替わらなければいけないと考えました。村上朝一《ともかず》長官（昭和四十三年十一月〜四十八年五月、最高裁判事。四十八年五月〜

五十一年五月、最高裁長官）に、『人事局長は、もうそろそろ勘弁してもらわなければ……』と申し上げました。『後任は誰にするか』と言われるから、二、三の名を挙げたんです。村上さんは『もっと明るい人がよい』と言われる。『ご自分も、明るくないくせに』と私は言ったんです。（中略）

村上長官は三高の先輩でもありましたから、私は勝手なことを言っていましたけれどね。『じゃあ、もう一遍考えます』と言った。そして、少し前まで法務大臣官房司法法制調査部長だった勝見嘉美君ならいいだろうと思い、『あれなら、どうですか』と言ったら、『どんな男か、一遍連れて来い』と言われる。それで、何か理屈をつけて、彼を長官室に呼んだのです。勝見君は朗らかな男でしたから、『あれなら、いい』と言われました」（二二六ページ）

「局長の交替のとき、他の局長はそんなに引き継ぎを考えなくても良いのですが、人事局は別だということで、私は事務次長になって総局に留まりました。最高裁の次長というのは、一般には、あってもなくてもいいポストで、閑職です。官房付とお考えいただけばいいんでしょう。（中略）特に、次長として申し上げるような業績はございません。不祥事が幾つかあって、それの処理に追われたということで

す」（二二七ページ）

こうして矢口は、事務次長になるわけですが、その次長というポストの意味を次のように語っています。

「そのときに、私は痛感しました。事務総長は寺田治郎さんでした。次長は、いま申し上げたように官房付というか、審議官というか、無任所です。私は引き継ぎのための事務次長でしたが、本来の次長として任命された方も、これまでいないわけではありません。ところが、本来の次長は、どうもいけないんですね。それは、各省のように膨大な権限があって、事実上、事務総長と担当を分けているというなら分かるのです。水産関係と農業関係というようにですね。裁判所なんかは狭い分野で、分担するほどのものはありません。

結局、総長と次長の二人制は、必要がないんです。そういうところに次長がいますと、かえって邪魔になる。次長に説明しなければならない、総長の決裁は取らなければならない。それで、総長と次長とが意見が違ったときには、次長は面白くないし、総長も何となく面白くない。だから、次長は総長と全く同じ考えの人でないと務まらない。結局、別の視点から補佐するというのでは、駄目なんです。同じ角度から見て、『代わりを、ちょっとやっておきます』『それじゃ頼む。俺、今日は、ちょっと所用があるから』と言える人でないと困る。『あいつに任せたら、何をするか分からない』という人では困るんです（笑）。（中略）

私のあと、またしばらく次長は欠員となりました。

話は前に戻りますが、私が人事局長のとき、事務総長の交替がありました。吉田豊さんが、事務総長から大阪高裁長官に出られたのです。その吉田さんが、『君、将来「次長になれ」と言われたら、断れ。一線に出たほうがいい。なまじっか残るなよ』と言われたことがありました」（二二七ページ）

やはり最高裁事務総局のような組織の中で、総長、次長と二人いることは無駄であるということを、矢口ははっきり言っています。そして次長を約一年務めたあと、昭和五十二（一九七七）年九月、彼は浦和地裁の所長に出ることになります。

裁判官は地方公務員的な身分がいい

浦和地裁に出たところで、矢口は地裁の特徴を次のように述べています。

「はっきり申し上げて、地方裁判所長というのは、何もする仕事はありません。所長をやるなら、家庭裁判所長です。なぜならば、家庭裁判所というのは、ほとんど訴訟事件のない裁判所で、実質は行政庁なんです。行政庁だから、所長はいろいろなことで、外部との接触や官庁交渉等、働く余地があります」（二二八ページ）

裁判は独立してやっているから、所長は何もすることはない。以前に最高裁の家庭局の話が出たことがありますが、そのときも、家庭局だけは行政庁だという言い方を矢口はしていました。同じように、家庭裁判所は行政庁的なところがあるので、彼が所長として働く余地があり、また他と接触する場面も広がるわけです。彼が浦和地裁で、地裁・家裁の様子を見て感じたのは、次のようなことです。

「そういう状況は、私をして、『地裁・家裁は思い切って、地方公務員の身分としたほうがいいんじゃないか。埼玉県の裁判官なら、もうちょっと、ましなものを建ててくれる。場合によっては、北海道庁なら月給も一段高くしてくれる』と、思わせることともなりました。国家公務員で、一律でやるかぎりは駄目だという思いを強くしたのです。

昔だったら、例えば松江地裁の所長は三十五、六歳でも行けたんです。三十五、六歳で松江の所長に行くならば、それも、まだいいでしょう。しかし、今は定年の数年前にならないと、出ることはできません。本当に、どうしたら良いのでしょうかね」（二二九ページ）

行政官が地方公務員になって出て行くのとは違って、裁判所の場合は、国家の裁判官ということで、地方に特化できない。しかし、全部一律でやると、どうしても無理が出てきます。地域性を入れて、地域に親しまれる裁判官ということになれば、地方公務員的な身分のほうがいいのではないかというのが、逆説的ですが、矢口の考え方だと思います。しかし同時に、地裁の所長として出て初めて、高等裁判所が偉いということに気づいた、と言っています。それは、ある種のヒエラルヒーの問題です。矢口は次長時代に会計問題でルールの解釈の通達を出しました。

「ところが、浦和地裁の会計担当者は、私の出した通達とは違う取り扱いをする。『これは、ここまで解釈できるという通達が出ているだろう』と言ったら、『いや、そんなものは見ていない』と言う。それは、どうでもいいんです。『どうして、やらないんだ。俺が「いい」と言うんだ。作った俺が「いい」と言うんだから、やれ。俺の責任でいいから、やれ』と言っても、『できない』と言うんですね。『何で、できないのか』と訊いたら、『高裁の係長が認めてくれない』と言うわけです。何のことはない、最高裁の通達を決定した前局長が、『こうだ』と言っても、駄目なんです。東京高裁の係長が『駄目だ』と言ったら、駄目なんですよ。役所というのは、そんなものですよ。（中略）

『怖い』と言って、やらない。『それをやると、次にしっぺ返しを食らいます』と言う。（中略）『所長が、ずっといるならいいでしょうが、所長は、すぐいなくなるじゃないか』と言う。（中略）そんなものですよ、役所というのは。そういう経験をしました。『なるほど、高裁って偉いのだ』と思いました。私らは、高裁なんて気にもしていなかったけれど……」（二三〇ページ）

家裁の本質は行政

浦和地裁に一年余りいたのち、矢口は、昭和五十三（一九七八）年十月に東京家裁の所長に出ることになります。矢口は家裁で経験したこと、感じたこともいろいろ述べています。

「我妻先生が、『戦後の裁判所の制度で、一番うまくいったのは家裁ではないか』とおっしゃっていました。ある意味では、そうかも知れません。（中略）

家庭裁判所の仕事は、少ししっかりした家庭の母親なら、みんなやっていることです。普通の子供を持った親なら、どういうふうに子供を扱うかぐらいは分かります。

家庭裁判所の裁判官は、いわゆる福祉をやるために生まれてきた人たちではない。（中略）裁判所という名前を付けていますから、確かに裁判所なんです。予算は、最高裁判所が取っています。しかし、やっていることは、狭義の裁判所本来の仕事ではない。訴訟事件ではないんです。家事審判にしても、少年審判にしても、本質は行政です」（二三五ページ）

家事調停については調停委員がやるわけですから、特殊な仕事になるわけです。そこで矢口は「代々木」（日本共産党）の問題に言及します。

「裁判官、調停委員以外の家裁の職員はどうだったかと言うと、全員とはいいませんが、家裁調査官の若い人たちなどには『代々木』、またはそれに近い考え方の人たちが多かったのではないでしょうか。ほとんど毎日のように、事務局の課長連中は、昼休みは団体交渉です。そうして、その日の退庁時には、昼休みの交渉に関するビラが出るんです。（中略）

私は事務総局にずいぶん長くいまして、東京家裁が相当問題のところだということは、一般論としては分かっていました。しかし、所長や事務局長、あるいは所長代行の口から、『こういう実情なんだ。どうしたらいいか』という相談を受けたこともないし、何も聞いていませんでした。

おそらく、所長は忍び難きを忍び、耐え難きを耐えていたんでしょうね。そもそも裁判官というのは、いつの間にか人を頼らなくなった。上を頼りにしないし、下にも頼らないということなのか。とにもかくにも、管理する人たちが、東京高裁や最高裁に状況を上げて来ないんです。（中略）

事務総局の局長たちに、『東京家裁は、こういう状況なんだ。知っているか』と言ったら、『本当ですか』と言う。私も、人事局長の間は、聞いたことがないんです。組合が、どんなことをやっているかなどという話は、聞いたことがない。

だから、裁判所というのは、決して上が強いとか、行政が圧迫するとかいうところではないんです。前にも申しましたが、所長や長官は、酷《ひど》い裁判官のことも言わないんです。考課欄には、ちゃんとやっているように書いてあるんです。それは、最大級いいと書いてあるわけではないんですが、普通に書いてあるんです」（二三六〜二三七ページ）

やはりどの組織にも見えない世界があって、家裁の所長は任期が来たらすぐ替わるので、自分としては手を着けないで、我慢していればそれでいい。だから、かなりの問題があっても、それがそこ限りで止められて高裁や最高裁には報告されなかったということだろうと思います。

昭和五十年代に入ったころの話はここまでです。このあと、矢口は最高裁の事務総長になり、最高裁判事、そして最高裁長官となります。

第三章　リーダーシップに磨きをかける

激しい政治抗争で一皮むける

この章では昭和五十年代から、それぞれの人生の終わりまでを追ってみたいと思います。

後へ引き返したらいけない

後藤田は政治家となって、ずっと田中派の中にいましたが、昭和五十四（一九七九）年十一月に、大平内閣の自治大臣に就任します。自治大臣に就任したときの後藤田の表現は、いかにも能吏たる官僚らしい言いまわしです。

「いきなり自治大臣だという連絡がありました。私は、自治大臣と北海道開発庁の長官と国家公安委員長と、三つを兼ねたんです。ただ、北海道開発庁には週に一回だけ、国家公安委員会の大臣室には一切行かない。ただ、公安委員会が木曜日に開かれますから、これには午前中一時間くらい顔を出すということで、あとは役所としてはわかりきっていますから行かない。だいたい自治大臣室でずっと仕事をして

いたという毎日でした」（下一一二ページ）

国家公安委員会は後藤田にとってはお手の物であると同時に、あまり大臣が行かないほうがいいということもわかっていました。すでに、政治と警察行政の分離という話題でこれまでにもそういう話をしていたので、これはその延長線上にあると思います。ですから彼は、自分は自治大臣であるという自覚のもとに仕事を進めていったということです。

ところで、昭和五十四年九月、大平内閣は解散権を晴れて行使し、翌月、総選挙をすることになります。しかもこのときの総選挙で、大平は消費税の構想を出しました。選挙に増税は禁物といいますが、大平は敢えて消費税構想を訴えて選挙に臨んだわけです。その選挙について、後藤田は次のように語っています。

「ところが、選挙になってみますと、とてもじゃないけれど増税に対する厳しい批判が出てきたわけですね。また、具合の悪いときに、鉄建公団〔日本鉄道建設公団〕による旅費の不正使用の問題、いわゆる『公費天国』の問題が出てきた。国民に増税を求める前に、まずは公費の節約をやるのが先ではないか、行政の改革が先ではないか、お門違いだ、ということになったんですね。野党だけでなしに、自由民主党の中からもこれでは選挙ができないという空気が出たんですよ」（下一五ページ）

ここは一つのポイントで、選挙で国民に負担を求める時には、必ず自分の身を削れという話が出てきます。平成十九（二〇〇七）年の参議員選挙を見れば、そこで強く問われたのは年金問題と公務員問題です。当時の安倍内閣にはほかにもいろいろ訴えたい政策があったけれど、国民に負担を求めるとは到底言えませんでした。その後も、七十五歳以上を対象とした後期高齢者医療制度の問題が騒がれるようになり、事の本質に議論が行く前に、政治は国民の前から退散しなければならない、という感じがしたものです。

しかし後藤田に言わせると、このときの大平は政治家として問題であったということです。

「大平さんは消費税構想を途中で降ろしたんですよ。その時は、僕は選挙で一所懸命ですからね。この消費税導入はもうしょうがないんだよ、ということで演説していたんですよ。そうしたら途中で止《や》めたという。どうにもならんね、これは。政治家というものは、馬を中流に乗り出したら、乗り切らなければいけない。後へ引き返したらいけないということですよ」（下一五ページ）

大平が途中で引き返したことについて、後藤田は政治家としてあるべき姿ではない、と言っています。

「〔それ以降、消費税のことは後藤田自身も〕言わないわ。質問でもあれば、俺は必要だと思っているよ、だけど党がやらないと決めちゃったんだ、と言わなければしょうがないね。だけどそれは筋が通らんですよ。あれは、へこたれたな。あんな馬鹿な話はない」（下一六ページ）

大平が信念の行為としてやっていたものを突然引っ込めた。そして結局、それぞれの候補者は放り出されたままである。これについては、さすがの後藤田も憤りを感じていることがよくわかります。こうしたことを経て、後藤田はますます政治家として磨きをかけていくことになります。

「俺がやめたら誰になるんだ」

そのあと、過半数割れの惨敗を喫した自民党内で、非主流派が大平の退陣を求め、党内が紛糾した有名な「四十日抗争」が起きますが、このときのことについて、彼は次のように言っています。

「これを世に『四十日抗争』と言うんですが、本当にこれは見ていて、いったい何ていうことをするんだと思いましたよ。同じ仲間の争いというのも、ボタンを掛け違ったら、もう容易なことでは元に戻らないということですね」（下一七ページ）

後藤田という政治家は、みずから三木派の現職、久次米健太郎と争った昭和四十九（一九七四）年の参議院選挙以来、激しい抗争に身を挺して入っています。そして当選後も、田中派にいながら、盟友である大平派を助けるという意味において、激しい政治抗争を経験しています。こういうことを通じて、政治家・後藤田正晴は一皮むけていったのだろうと思います。

「大平内閣の約一年半というものは、自由民主党の中の派閥抗争に精力全てを取られてしまった内閣なんです。まさにこれが、大平さんと福田さんの怨念の対立であったと思います。しかし、四十日抗争の時、大平さんが、俺がやめたら誰になるんだ、と言われたことがあるんです。（中略）一部からは灘尾暫定《なだお》〔当時の衆院議長、灘尾弘吉《ひろきち》を暫定首班にする〕という話も出たけれど、大平さんは、俺の後をやるとなれば、また福田かな、と言っているんです。総理の重責というものを考えた場合には、福田さんだということですね。それくらい、本当の意味で、政治の指導者というものは考えているんだなということだと思いましたね」（下一八～一九ページ）

これについては、加藤紘一が大平の回想録『大平正芳　政治的遺産』（大平正芳記念財団、一九九四年）の中で同様の証言をしています（「我が師・大平正芳に思う」）。そのころ加藤はまだ若い代議士ですが、抗争の最中に大平に呼ばれたといいます。大平は疲労困憊している中で、加藤に、「もし自分が倒れて、いま総理大臣の後継を決めなければいけないとなったら、誰が適任だと思うか、それを言え」と迫ったというのです。加藤紘一は、そう言われても、すぐには答えられない。それで呻吟《しんぎん》して四の五の言っていたら、大平がうめくような声で「福田しかいない」と言ったということです。

絶対に譲れないと相争っていながら、あとは福田だと言うわけです。まさにつばぜりあいの最中で総理の椅子《いす》を争っている際の大平の凄みを、加藤紘一ははっきり認識したのです。そのことを後藤田もここでさりげなく言っているのです。

このときの総理大臣を巡る争いは、人間的と言えば人間的ですが、権力を巡ってそこまで人間は争うのか、とも思います。昨今の総理大臣はとても軽くなって、選挙用に取り替えればそれで済むという風潮さえあります。二十一世紀、小泉純一郎以来の総理大臣選びを見ていると、こういう歴史の事例を改めて噛《か》みしめてみる必要があるのではないかと私は思います。

調整力か、正面突破か

さて、後藤田の話に出てくるもう一つ面白い人物例は、竹下登の存在です。自治大臣をやりながら、補助金の問題など、大蔵省といろいろな負担の問題を解決するときに、竹下登がどのように解決しようとしたか。それについて後藤田は、次のように語っています。

「竹下さんという人のこういう場合における言動は非常に奥が深い。そして、ずいぶんあの人に迷惑もかけた。そして世話にもなった、ということは間違いありません。ちょっとああいう真似はできないな。（中略）

調整力が言動の中に非常ににじみ出てきていて、非常に巧みだな、というのが私の竹下さんに対する印象ですね。そして、竹下さんというのは、二十年以上の付き合いですが、怒ったことがいっぺんもない。これは見事なものだ。僕はずいぶん不愉快なことを言うんですよ。面と向かってね。例えば、『だいたい政治家というのは、言うことがピシンとしなければあかんよ』と僕が言うんだ。それは当たり前ですな。『ところが政治家の中で、いちばん言語が明瞭だけど、意味がわからんのはあんただ』とやるんだ。だから『言語明瞭なれども意味不明というのが竹下さんだ』と言うんだ。まさにその通りだけど、その言語明瞭で意味不明という中で、右、左に配慮して、万事をうまく収めようという、ゆとりのある枠組みの取り方だとか、調整ですね。それの表れだと思うね」（下二一一〜二一二ページ）

これは一見すると竹下を評価しないように見えながら、実は竹下がすべてをいったん自らの中に受け取って、言語明瞭・意味不明の中から、意味あるものをこちらに汲み取らせるように提示してくる部分について言っているのだと思います。このことについては、後藤田はもう一度別の言い方で述べています。

「知恵はある。ちょっと他の人が思いつかないような知恵が出てくるね。それも、ピシャリとは言わないんだよ。もって回ったものの言い方で言っている。だから、ボヤッとしていたらわからないわけだ。よく聞いていれば、こういうことを言っているな、というのがわかる。それは優れたものがありました。だからあの竹下さんがやれば、難しい仕事でも、いつのまにやら通っちゃうんです」（下二三ページ）

ちょうどこれに対比させるかのように、後藤田は中曽根康弘の政治の特徴を話し始めます。

「他方、理路整然として、文字どおり正面突破の理屈で押して行く、それで世論操作をやる、しかしやりだしたら足下から反対が出て大変苦労するのは中曽根康弘さんだ。この人は見識で押しているわけですよ。見識を持って、それに裏打ちされた論理的な言動ですね。竹下さんとは、それは正反対です。だがなかなか仕事は進みにくい。相手がやっつけられたと思うからね。それは抵抗しますよ。竹下さんには、

やっつけられたという思いをしないうちにやっつけられちゃうから（笑）。そういう印象ですよ」（下二三ページ）

このあたりの竹下と中曽根の比較論は、非常に興味深くみることができます。やはり竹下には、通常考えられないほどの柔軟性と、すべてを取り込むある意味での懐の深さがあって、その中で相手に、まるでみずからが選び取ったかのように、ある選択肢を選び取らせる、その辺の緩急自在さが竹下の調整力のポイントだったと思います。

この調整役の竹下は、平成十二（二〇〇〇）年、小渕恵三と同じ時期に亡くなってしまいました。それ以来、二十一世紀の小泉純一郎以降の日本の政治は、竹下タイプの調整力を完璧に失ってしまったことになります。竹下タイプの調整力は、誰もDNA的に受け継がなかったのではないかと思われます。彼も最後は政治の後継者を育てることなく終わってしまうのですが、DNA的に受け継がれる人がいなかったことは非常に印象的です。

逆に中曽根のような理屈で正面突破するタイプはある意味で非常にわかりやすいと言えます。その中曽根タイプは二十一世紀に生き残っているでしょうか。例えば小泉純一郎が中曽根タイプかというと、ぎりぎり似ているところもあるけれど、中曽根ほど原理原則論で突っ張っているわけではありません。もっとマスコミのほうを見て、世論とすり合わせながら政治をしているので、中曽根タイプとは違います。そうなると、いまの政治指導者の中には、竹下タイプの調整役タイプも、中曽根タイプの理屈で正面突破するタイプも、双方とも失われてしまったことになります。要所要所を押さえてこれまでは見事に運営されてきた日本の政治が破壊された点であると思うことしきりです。

一瞬の判断が将来に影響

中曽根について後藤田は、この後、大平内閣の不信任案が通り、同日選挙になって、最終的に大平が帰らぬ人となるという最大の抗争のさなかのことを述べています。これで中曽根が勝機を摑《つか》んだという話ですが、後藤田の解釈を見たいと思います。

「そこでね、この時の中曽根派が本会議場に入ってきたということが、後に中曽根康弘さんが内閣総理大臣になれた原因のひとつではないかと思います。あの時、外へ出ていたら、絶対になれない。経歴としておかしいということにならざるを得ませんね。だから、政治家のそういった運勢というものは、まさに一瞬の判断で、将来に大きく影響してくるんですね。僕はそんな気がします。中曽根さんが天下を取れたのは、あの時に入ってきたからです。あの時に入ってこなかったら、田中派は絶対応援しない。そうしたら総理になれませんでしたよ」（下三〇ページ）

これは非常に示唆的であると同時に、かなり応用範囲の広い話です。後に村山内閣で村山富市が政権を投げ出したいと思った時、自民党総裁の河野洋平は副総理として入閣していました。村山は河野に譲るというのですが、河野は受ければよかったのに、即座に受けずに、幹部と話し合うといって外に出て、当時の小渕派にその構想をつぶされてしまいます。結局、河野洋平は総理になれないのみならず、総裁の座も橋本龍太郎に譲らなければならなくなりました。このときのことについても後藤田は、「河野君は一瞬の判断を誤った、そこで受けていれば流れは決まったのに」という言い方をしています。政治家にはこういう勝機を摑むか否かの微妙な瞬間があるのだ、ということを、後藤田は言っていると思います。

矢口式①
できるだけ見聞を広める

第三期における裁判の在り方

矢口は、最高裁事務次長から、浦和地裁、東京家裁を経て、昭和五十五（一九八〇）年三月、再び最高裁判所に、事務総長として戻ってきます。

そこでまず、地裁と家裁の比較論をしていますので、そこから見ていきたいと思います。

「地裁と家裁を較べると、所長として仕事のやり甲斐のあるのは家裁です。家裁は、非訟事件を主とする、言わば行政庁ですから、外部の機関との折衝などもあります。順番に主席とか次席の調査官を呼んで、いろいろやっていると、結構面白かったですよ。今でも、当時の人たちとは仲良くしています」（二四一ページ）

東京家裁の所長のポストはどういう格であるのか、ということについて、矢口は次のように言っています。

「東京家裁の所長は、次は大体、高裁長官といいますからね。服部高顕さんだって、東京家裁所長から福岡高裁長官になられました。東京家裁は、特別ですね。東京地裁、大阪地裁、東京家裁、大阪家裁ですかね。

関西の特別な事情は、いつかも申しましたが、『天離る鄙《あまさか》』で、東京から離れている分だけ、戦前は協力的だった。戦後は経済的な地盤の低下と、戦前の反動から、大阪は非常にやりにくいところになりました。だから、東京の人は大阪に行きたがらないです。東京の観念では通用しないかも知れません」（二四一ページ）

最高裁判所事務総長の時代を語るにあたって、矢口は歴史の流れの中での裁判の在り方を語っています。矢口は一貫して、裁判は変わろうとしている、と考えます。明治維新後を第一期、戦後を第二期として、二十一世紀に入るか入らないかというところから第三期に入るという見方をしているのです。「裁判所が今後生きる道は、組織管理などは二の次にして、与えられた個々の具体的事件について、スパッとやるしかないんです。『外形標準課税は、駄目だ』と思ったら、はっきり駄目だとすればいいんです。小田急電鉄は、現に電車が走っていても、そんなことは考慮しなくても良い。

ハンセン病だって、そうです。ヤコブ病も、そうです。これまでは、ああいう判決〔大手銀行への課税を定めた東京都の条例をめぐる裁判で都は一、二審で敗訴した〕は、なかなか出なかった。出さなかったのが悪いのかも知れませんが、これからは違います」としたうえで、矢口は次のように、先にも引用した部分に続けて言っています。

「一地裁が、ハンセン病で判決ができるんです。判決をしても、今まで大臣は、そんなものを相手にもしなかった。せいぜい中央官庁の局の課長ぐらいが、『そんなものは不当だ』と言って済んだものが、大臣が謝る。総理まで、遺憾の意を表する。今後は、そうなりますよ。小田急の〔高架〕工事だって、進行中でも、『駄目だ』と平気で言える。それが、今度の司法制度改革のインフラですね」

「しかし、その構図が崩れる。第三期への突入です。〔司法制度〕改革審議会の意見書は、第三期における裁判の在り方を示唆しています。株主代表訴訟でも、請求額が何十億円という訴訟が出て来ます。一地裁の判決ですが、それを無視できなくなって来た。裁判所の生きる道は、司法行政などという問題ではないんです。私は、個々の裁判だと思います。どんな裁判が出て来るか、これからは分からないです」

（二四二ページ）

これは非常に逆説的な表現だろうと思います。矢口自身は、ほとんど裁判官をやらずに、司法行政に特化する人生を貫いてきたからです。それが最高裁判所長官を辞めて十年経った時点で、「いまは第三期で、これからは裁判重視だ。司法官僚、司法行政など問題ないんだ、とるに足らないことなんだ」と言っている点に、最高裁判所長官の時代の話も含めて、矢口の司法行政に関するパラドキシカルな見解が出ているという気がします。

「ところで、最高裁事務総長の仕事は、私は事務総局が長かったので、どんなことをするのかは分かっていました。総長になって、真っ先にやったのが、先ほども言ったような家裁調査官制度の改正です。その次にやりましたのが、裁判官の海外留学及び部外研修の制度です。ただ、裁判官は、せっかく海外に出ても、裁判所なんかを真っ先に見に行くんですね」（二四三～二四四ページ）

裁判官は見聞を広めなければいけない、ということで、「裁判官の部外研修は、どうしても必要だと思いました」とも言っています。これは「コロンブスの卵」のようなもので、今では部外研修なんて当たり前のことになりました。だから、それはできるんだ、と矢口は言うのです。

ただ、行政官庁へ出向する場合は、短期間でも検事に転官しなければならないという問題があると指摘しています。

「一番気を配らなければいけないのは、検事との関係です。それは、検事と共同歩調を取っている限りにおいては、いいのです。けれども、いったん裁判所が、『検事は当事者ではないか』と言った途端に、立場を異にします。（中略）

まず検察庁が捜査中心をやめてくれたらいいと思う。私は、捜査そのものは要ると思うんです。政治犯的な犯罪などね。それはＦＢＩ〔米連邦捜査局〕でいいかどうかは別として、内閣直属の特別検察官というような制度でも良いでしょう。検事は、当事者に徹しなければいけないんじゃないかと思うんですけれどね。そうして、法務局とか、そういうところにも検事を配置してね」（二四四ページ）

捜査重視を変えない限り、検事と裁判所の関係、検察と裁判所の関係は、矢口の言う正常な関係にはならないというのが、ここでの矢口の主張だろうと思います。

人事の要所は頭に入っている

そして矢口は、昭和五十七（一九八二）年十一月、東京高等裁判所長官に就任します。

「それまでずっと、高裁長官にはいろいろなことを申し上げてきたから、普通の高裁長官だったら、見るもの、聞くもの新しいのかも知れませんが、私にとっては一つも新しくないのです。大事なことでも、電話で言っておけば済みますからね。国会の答弁を気にすることもない。高裁長官としての出来事を、何か話すことがあるとしたら、昔の古い庁舎から、今の新しい庁舎に移転したことぐらいです。新庁舎の十七階の長官室から皇居のほうを見ると、雪の降り始めというのは、とてもきれいなんです。（中略）

昭和五十七年十一月に高裁長官になって、昭和五十九（一九八四）年二月には最高裁判事になっていますから、これも一年三カ月ぐらいで、ほとんどすることはないのです。その間に一回、いわゆる定期異動についての原案作成があったわけですが、人事局長時代には全国をやっていたんですから、東京高裁の範囲なんかは、目を瞑《つぶ》っていてもやれる。大体のところは、事務局長に任せておけばいい。肝心のところはだいたい頭に入っていますからね。（中略）あの当時は、学歴がどうで、家族がどうで……ということは、目ぼしいところは、みんな分かっていた」（二四五ページ）

矢口は、後藤田が人事に精通していたように、裁判所の人事に精通していたことが見て取れます。しかし最終的には、いろいろな人が裁判官になれるように間口を広げたほうがいいというのが矢口の一貫した主張でした。

「今まではお互いに疎遠で、『裁判官や弁護士は大学とは関係ない、卒業生が数多くなっているだけだ』というのは、やはりおかしいです。それは、『今日裁判所に行って、明日から裁判しろ』と言われたら、私でも長く離れていると、ちょっと戸惑うわけです。『ここで、何と言うんだったかな』ということになる。しかし、すぐに慣れます。訴訟法なんて、原理原則が分かっていればいいんですからね。『じゃあ、お認めになりますか』と訊いて、『はい』と答えたら、どういう内容であろうと、それで争えないことになるんですから。『いや、それは困る』と言われたら、『どうして困るんだ』と訊いて、ゆっくり考えればいいんです」（二四六ページ）

このあたりは、矢口の真骨頂と言えるかもしれません。

「法廷メモの大法廷判決」の真相

そして矢口は、昭和五十九年二月に最高裁判所判事になり、翌六十年十一月には最高裁長官になります。まず、矢口が大法廷の裁判について、どのように考えていたかを見ることにしたいと思います。

「最高裁の十五人の大法廷の裁判も、どうでしょうか。十五人で審議しても、二、三の有力な裁判官がどう考えているか。それに何人かの同調者があれば、審議はその方向に傾くのではないでしょうか。五人の小法廷でも、一人が情埋を尽くして頑張ったら、その方向の流れができます。『量刑』（夏樹静子原作）とかというテレビ・ドラマがありましたが、量刑などということが大問題になること自体が、おかしいのです」（二五三ページ）

そして大法廷の審理のことで話題になるのは、矢口の最高裁長官時代の「法廷メモの大法廷判決」です。

「私が大法廷で、終わり近くにやったことで、『法廷メモの大法廷判決』（平成元年三月八日）があります。正しくは、『法廷内メモ採取不許可国家賠償請求事件』と言います。どうして、法廷でメモを取らせなかったのか。写真の問題もありました。それは、戦後の歴史があって、労働事件で、法廷が荒れに荒れたわけです。前にも言いましたが、一時期、開廷中の法廷に、裁判官の出入りする法卓後方の扉から写真班が入って来て、裁判長席の後ろから法廷の写真を撮ったり、それは酷いときがあったんです。（中略）

地位の保全の仮処分の審訊《しんじん》をするときも、本人を審訊して、ちゃんとやって、労働者に決して不利にならないような判断をしたんだろうと思うんです。全部が、そうだとは言いませんが……。ところが、労働者は裁判所に対して、総動員を掛けた。狭い部屋に入り込んで、弁護士と組合役員が裁判官を取り囲んで、罵詈《ばり》雑言《ぞうごん》を浴びせるような状況になってしまったので、そこまで行かないうちに終わってしまうわけです。

そういう状況の下で、法廷では会社側の総務系統の職員が、証言や発言等について、メモを取っていた。そうすると、仲間のために証言をしにくい。だから、『メモを取らせるべきではない』ということを、労働者のほうが言い出した。それは、逆のこともあると思います。会社側の証人が怖がって証言しない、ということですね。（中略）

みんな法廷メモは禁止したい、禁止することに利益を持つ、と。それで、写真は禁止、メモも禁止になった。そういうことだったようです」（二五五ページ）

このように矢口は総括しています。そして大法廷ではどういう結論になるのか。次のように言っています。

「それで、通常は、どういう結論になるか。大抵のことは、どちらかに決めれば良いことなので、長官の言う通りにする。しかし、この問題については、『長官は裁判所出身だから、当然禁止のほうだろうが、自分はそう思わない』という声が、かねがね何人かあったように思います。私は最初から、『この際、メモ禁止をやめるかどうか、根本的に議論をし直そう』と考えていました。
それで、大法廷の合議です。いろいろなやり方があるんですが、裁判所では、任命の逆順で意見を述べるのが普通なんです。しかし、『どちらからでもいいから、各人意見を述べてくれ』と言って、全員に述べてもらいました。もちろん、いろいろの意見が出ました。(中略)
それで、次に意見交換になりましたが、結局、一人を除いて、全員が『メモを認めても良い』という結論になりました」(二五六ページ)

「私は、禁止説は維持できないと思っていました。ただ、これまでの取り扱いを変えるということは、裁判所のように全国に数多くの裁判所のあるところでは区々《まちまち》にはやりにくいのです。その意味で、大法廷こそ最適の場であったと思います。

そういう合議をして、圧倒的多数でやめることにしました。一人だけ反対です。

全員一致というのも、おかしい。今まで何十年と禁止していたのに、誰も反対しないで、あるとき急に全員が引っ繰り返すというのも、おかしい。一人ぐらいの反対意見は、当然のことです」(二五七ページ)

「法廷メモの大法廷判決」は、このように決まったといいます。反対意見を考慮に入れながら、最高裁で全体をひっくり返すことによって、一挙にメモをとってもいいという判決になりました。

リーダーシップの揮い方

矢口はほかにも具体的な問題を述べながら、大法廷の審理の問題について語っています。ここで矢口は、最高裁判所の在り方について驚くような話をしているのです。

「別の事件では、最初はほとんど全員が反対の意見のようだったのに、『だけど、こういう問題がある』と、主任裁判官が別の意見を述べたことで、結局、『そっちのほうで行こう』と、主任裁判官に同調するということも、あったようです。

戦前のドイツの帝国裁判所の時代には、『全員裁判の恐怖』だったかな、そういう言葉があるんです。民事連合部判決、刑事連合部判決、民刑連合部判決というのが、戦前にあったわけです。それのことを言っているのだと思いますが、確かに連合部では、四十人から六十人ぐらいでやるわけです。とてものことじゃないけれど、できません。五人でも、ちょっと無理なぐらいです。いわんや十五人だって、多過ぎる。それは『十五人の恐怖』なんです。だから、裁判官は、十五人の大法廷はあまりやりたくないんです。あれをやると、どちらか意見を言わなければいけない。大変なのです。（中略）

むしろ専門を尊重するのは分かりますが、裁判の場合は専門外というものもあります。前にも申しましたように、何人かは、いわゆる法律の専門家としてではなく、学識経験者の点に注目して任命されることが予定されているのですから、そういう方がいろいろな方の意見を聞いた上で、ご自分の思うところを述べられても、一向に差し支えないのです。

そうすると、その場で真っ先に、ちゃんと言える人は、十五人のうち、数人ということになります。だから、大法廷は、大変なのです。（中略）

そういう意味では七人でもいいと思いますね。（中略）

大体しゃべるのは、長官は別として、数人で、その人たちは、またしょっちゅうしゃべっている」（二五六～二五七ページ）

結局最高裁判所の大法廷では、十五人の裁判官がいても、本当に議論を左右するのは、長官を含めて数名であって、それ以外の人たちはむしろ、大法廷を開いてみんなの前で意見を表明しなければならないことを億劫に思う。自分が何も知らないことがバレたらどうしよう、それが「全員裁判の恐怖」という話につながっていくわけです。続いて長官が、どのようにリーダーシップを揮《ふる》えるか、という問題になります。

「そこで、十五人の問題ですが、十五人が選ばれたときに、三つの小法廷に分かれます。今は民事出身の裁判官が四人ですが、長官が民事から出ていますから、各小法廷に一人ずつぐらいいるわけです。それから、刑事出身が二人、検察出身が二人で、あとは行政官、外交官出身等でしょう。そうすると、各小法廷に民事専門、刑事専門が一人ずつぐらいになるんです。結局、その人たちが通常の上告事件の責任を持たざるを得ないんです。刑事事件は、検事出身でも刑事出身でもいいんです。だから、辛いのは、民事出身の裁判官です。

最高裁に、大体、年間三千六百件の訴訟が来るとしますね。それを三つの小法廷に分けると、それぞれ千二百件。ということは、毎月百件です。それを五人で割ると、主任が二十件。弁護士さんから来た人とか、その他の人は、主任の二十件さえやればいいわけです。しかし、民事の人は、百件のうちの八十件ぐらいが民事関係ですから、それを全部見なければいけない。それを見ていたら、大法廷のことなんかやれないです。だから裁判官は、長い間、高裁長官をやったり、首席調査官をやったりして、それなりの学殖があったとしても、最高裁判事になった途端に、もう司法行政のことなど構っておれないのです。自分の手持ちの事件で、精一杯です」

（二五七〜二五八ページ）

後藤田式②

無用な敵を作らない

運がつきまとうポスト

　さて、後藤田が中曽根内閣の官房長官に就任するところに話を移したいと思います。後藤田正晴は、田中角栄の一本釣りによって警察庁長官から官房副長官になり、それから衆議院議員になって、異例の早さで自治大臣になっています。これは当時の政治家のキャリアパスからすると、大変早いわけです。そのことに対して、同じ派閥の人間がどう思っているかについて語っています。

「僕らはよそから来たんだし、初めから上の方へ入っているから、それは駄目なんだ。それから田中さんが判決〔一審、懲役四年、追徴金五億円の実刑、昭和五十八年十月、東京地裁判決〕であああいう苦しい立場になってから選挙があったときに、田中派としての選挙が戦い難《にく》いわけです。そのときによそから入ってきて助けたのが、江崎《えさき》真澄さんとか田村元《はじめ》さんとか、これらの人は外様《とざま》なんです。その外様の人が担いだのが二階堂進さんなんです。小坂《こさか》徳三郎さんもそうです。これもやはりよそから来た人です。僕も外様。

だから、田中さん子飼いの人から見ると癪《しゃく》にさわるな。だって僕は、代議士は彼らより当選二回か三回くらい後ですから。向こうがはるかに代議士として古いですから。小沢辰男君にしても、彼は内務省で僕より後輩だった。だから二人だけになったら別ですよ。だけど公の場所では彼の方がはるかに偉い。それなのに、こっちが重用されてノシていくから、彼にすると面白くないわな。そういういろいろな流れがあるんですよ」(下四六〜四七ページ)

これは、後藤田自身が相当な妬《ねた》み、そねみを受けていたということの一つの現れだと思います。

さて、後藤田は、中曽根が総理大臣になれるかどうかということについて、田中がどのように判断していたかを語っています。

「田中派は、中曽根さんに反対する空気が非常に強かったんです。ところが田中角栄先生は、これまた同期生なんです。そしてこんなことがありました。私が選挙に初めて当選した昭和五十一年から五十二年頃には、中曽根さんが総理総裁になれるという声はほとんどなかったんです。派閥の長ではありましたけれどね。それなのに、僕が田中さんに、『中曽根さんは総理大臣になれますかいな』と聞いたところ、『それはきみ、三木君がなったんだよ、中曽根君はなれるよ』と言下に言った。

しかし、その時はこうも言ってました。『総理大臣というものは、なりたいと思ってなれるポストではないよ、これは運がつきまとうな』と。ということは、田中さん自身は、やはり同期生として中曽根さんをずっと見続けていますから、派閥としては対立する派閥だったけれども、中曽根さんを評価しておったということは間違いありませんね」（下五二～五三ページ）

大平が、自分が亡き後、総理大臣を務められるのは福田であると言ったのと同じように、この当時の政治家は、やはり同期生や上下を見ながら、総理大臣にふさわしい人間に対して、ある種の畏敬の念と、チャンスがあれば総理大臣になれるに違いないという見通しを持っていたのでしょう。これも今日と全く違うところです。今日は誰が総理大臣になるかまったくわからない。ですから、この時代の政治の歴史は、いまになってみると汲めども尽きぬ重要なレッスンになるような気がします。

振り上げた拳を下ろさせる

実際に中曽根が総理になるという事態が近づいてきたとき、どういうことが起こったのか、後藤田が語るところを見たいと思います。

「田中さんご自身は、次は中曽根だ、と言われたのを僕は聞きました。それで僕は、それはおかしくないですか、自由民主党最大の田中派には二階堂進先生だっておるではないですか、というような話をしたことがありましたが、いや、今度は中曽根だ、と言って譲らなかったですね。ところが派の中で会合をやると、中曽根さんはあかん、というわけですよ。

それである時、派の会合をやっていて、幹部数名が話し合いをしておる席で、たまたま私はそこにおったわけですが、金丸《かねまる》信さんが入ってきて、ともかく中曽根はよくないということですよね。その時に例の『ボロみこし』論が出たんですよ〔金丸が中曽根をオンボロみこしと評したというエピソード〕。金丸さんが、『あんなボロみこしは担げない』と言った。それで僕は、田中さんの考えを聞いてましたから、『ボロみこしは担げないと言っても、誰もおらなきゃ担いだらいいじゃないか』と言った。その後の僕の発言がよくなかったんだけれど、『修繕して担いだらどうだ』とそこまで言った。そのあと付け加えたのが、また悪かった。『修繕が利《き》かなくなったら捨てたらいいよ』と言ったんだ（笑）。そういうようないきさつがあって、結局、田中さんの意向が強いものですから、田中派としては中曽根さんを推すということになったわけです。

後になって『ボロみこし』発言は僕が言ったことになったんですよ。これは間違いなんだ。金丸さんが言ったんですよ」（下五四〜五五ページ）

これも面白いエピソードで、政治家は「みこし」というような比喩を使いながら話を進めていくわけです。ここで後藤田が示唆しているのは、金丸信が、これまで中曽根は嫌いだと言ってきた、けれども田中本人は中曽根だ、と言っているということです。金丸自身に、中曽根でもいい、ということを言わせるような手立てがないと、金丸は振り上げた拳《こぶし》を下ろせないわけです。

そこで、そういうことがわかっていた後藤田が「ボロみこし論」を出して、誰もいなければ担ぐ、修繕して担ぐ、修繕が利かなくなったら捨てていい、と話を巧みにズラしていくわけです。一見すると乱暴な議論ですが、こういう議論に金丸信のような政治家はうまく乗って、中曽根支持に動いていくことになります。ここも一つの政治の要諦で、こういう面白さも最近の政治にはないような気がします。
こうして、後藤田は官房長官になります。
官房長官になる直前に、後藤田は中曽根に「変なことを言われた」と言っています。

「政界には多いんですが、中曽根さんが、私は昔から八卦《はつけ》を見るんですよ、と言うんだ。それで、『近く政局に大動乱がある、その時に後藤田さん、官邸の中に一緒に入って助けてくれんか』と言う。その時すでに鈴木〔善幸〕さんから、次はきみにやってほしい、と言われていたんですよ、十月五日に会ってますからね。それで僕は、それはいったい何の話ですか、と言ったんだ。後であの人の文章を見ると、中曽根さんは私がそのときOKしたと理解をしておったようですが、私はその時はOKしなかったんです。しかし、それは困るとも言わなかった。

官房長官というものは文字どおり内閣のスポークスマンであると同時に、総理の女房役なんですよね。大番頭とも言われるわけですから、同じ派から出るべきである、というのが私の腹の中にはあったんですよ。そこで私は、閣僚にならなってもいいな、という気があった。それは間違いありません。官房長官というのは、私は本当は受ける気はなかった。そういうようなことで、変なことをおっしゃるなと思

ったんだけれど、その時はそれで別れたんです」（下五八～五九ページ）

後藤田正晴は中曽根内閣で、官房長官、行政管理庁長官、総務庁長官、そしてもう一度内閣官房長官になります。しかし、後にも言っていますが、とにかく官房長官だけにはなりたくなかったというのが、後藤田の一貫した言い方です。一度目も二度目も同じ言い方をしています。それ以外の大臣、つまり役所を指揮して、なにがしかの政策を実行するような大臣職ならやってもいいんだけれど、官房長官という職は、総理の女房役であるが故に、彼としてはやりたくなかったということです。

これも、いまにして思うと、私は本音だろうと思います。つまり一番難しい役であって、うまく行って当たり前、うまく行かなかったら責任を取らされる役職に、この歳で就くのは嫌だという気持ちがあったのでしょうが、結局、後藤田は、一度目も二度目も官房長官を引き受けさせられることになります。

人間の機微を摑んだ田中六助

次に、中曽根内閣の最初の施政方針演説をどのように作ったかを語っているところを、見たいと思います。中曽根が訪米する前に中曽根自身が骨組みを書いて、当時の官房副長官、藤森昭一がその原稿を持ってきた、という場面です。

「それで僕が見ながら派手な言葉を全部直すわけだ。すると藤森君が困ったような顔をするんだ。何だい、と言ったら、総理がこれをお書きになったんですと言う。総理が書いたって、そんなもの、と言った。アメリカへ行っていらっしゃいますから、その間のやりとりがあったらしいね。私は、言葉が跳ね過ぎている、と言った。中身を言っているわけじゃないんですが、言葉が跳ね過ぎているから、必要でない派手な言葉はもう少し調子を落とした方が無難だよ、というようなことを言ったぐらいですからね」(下六〇ページ)

中曽根の言葉遣いは、海軍用語も含めて大袈裟で、芝居がかった表現が好きで、それを入れることによってことさら批判を招くことがあるのです。先ほど後藤田の、中曽根は敵が多いという趣旨の発言を紹介しましたが、こうしたことによっても無用な敵を作ることになります。それは、官房長官の後藤田としては避けたいわけです。だから言葉の一つ一つにも気を配った、というエピソードだと思います。

また、この時代の話の中で、田中六助という、今日では忘れ去られてしまった政治家について後藤田は語っています。田中六助は、「一六戦争」と言われたように、宏《こう》池会《ちかい》の中で宮澤喜一と覇権を争った優れた政治家です。その田中六助は、大平内閣から中曽根内閣の時代に最も活躍するわけですが、田中六助にあることを注意されて、本当によかった、と言っています。

「僕はあの人に注意を受けて、これはいいことを聞いたなと思ったことがある。僕が総理と話をする席に、ときたま田中六助さんも同席していることがあるんですよ。そういう席でも、私が中曽根さんの意見と違う時には、それは違います、とやるわけだ。そうしたら、あるとき六助さんが僕に、官房長官、ちょっとあなたの部屋へ行くからな、と言って話をしにきた。そして、後藤田さん、あなたは総理の前で他の人がおるときに平気で、それはいけない、とかやっつけるだろう、あれはよせ、と言うんだな。一人だけならいいよ、と。ああ、いいことを聞いたといって、僕はそれからは、よほどのことでないと第三者がおるときには言わなくなった。そういう人ですよ、六助さんという人は。本当に惜しい人だったと思いますね」（下九一ページ）

田中六助は人間の機微、感情をよく摑んでいると思います。同じ内務省出身で、いくら後藤田が先輩ではあっても、総理大臣と官房長官とでは立場が違うという話で、後藤田のような人でもそういうことに気づかなかったわけです。そこを田中六助に注意されて変えたというのも、政治家の微妙な人間関係を表すエピソードだと思います。

矢口式②

最高裁の在り方を考え直す

いています。

検事総長経験者が最高裁長官になってもいい

矢口自身、第一小法廷で裁判官をやっています。そこでの経験を次のように語っています。

「小法廷は、第一小法廷を昭和五十九（一九八四）年一月二十日から六十（一九八五）年十一月まで一年八カ月ぐらいやりましたが、まず家に帰って記録を読むことが大変です」（二五八ページ）

見過ごした、と言われないように、記録を精査しなければならないというのです。別のところでは、「ゴルフに行く暇がある人がいて、不思議だ。自分はゴルフに行く暇もないぐらい、記録を読むことに徹した」という話をしていますが、それぐらい、職業裁判官が下支えになっていて、その職業裁判官の中でも、刑事よりも民事が抱える事件が多いが故に大変である、最高裁判所の判事はひとしなみに仕事を負っているわけではない、と言っているわけです。むしろ、キャリアのところに仕事が圧倒的に来ている状態で、矢口のような司法行政のプロでもそればかりは言っていられないほど、事実上、裁判の実務に特化せざるを得ない状況になるわけです。自分のことについては、さらに次のように言っています。

「最高裁判事になった途端に、それまで高裁長官あるいは事務総長として、全国的な司法行政的視野で物事を考えていた人が、十分には考えられなくなる」（二五八ページ）

彼に言わせれば、これこそが問題だ、ということになるのだろうと思います。同時に、職業裁判官以外のキャリアから判事になる人の問題点の一つとして、検事出身者について矢口はかなり踏み込んだ発言をしています。

「今は、むしろ逆に、検事総長で辞めることのほうが問題かも知れません。日弁連会長をやったら、もう最高裁判事にならないとか、検事総長をやったら最高裁判事にならないというのは、法曹一元的な考え〔弁護士など法曹経験者から裁判官、検察官を任用する」に反していることになります。全員とは言いませんが、検事総長をやった人が最高裁判事になってもいい。直接、最高裁長官になってもいいと思うんです。（中略）

だから案外、検事総長をやった方が最高裁判事になり――順序はありますが――一年か一年半ぐらいして長官になると、検事総長というのは、そういうものだということになるんです。そうであれば、検事総長は最高裁と同じ高さになる。日弁連会長も、そうです。（中略）

もう一つの障害は、最高裁判事の多数が下級裁判所出身者で占められているということです。下級審の裁判官が、事実上のキャリア・ジャッジ〔職業裁判官〕で構成されている限り、外部から入ることには、いろいろ障害があります。（中略）『裁判所は我々の固有の領域である』という一群の人々、すなわちキャリアの裁判官が絶対多数を占める限り、検事や弁護士として頂点を極めた方の最高裁入りは、難しいのかも知れません」（二六〇ページ）

これは先ほどの議論とセットになっていて、検事総長や日弁連会長を入れるようにするためには、職業裁判官上がりで占めている最高裁のいまの在り方を考え直さなくてはならないという矢口の見方につながってきます。そうしないと、幅広い人材を最高裁に入れることができなくなる、と矢口はここで言っているわけです。

大法廷の審議を実質化すべき

もう一つ、矢口の改革論が出てくる部分があります。

「最高裁というものが大審院的なことをやっている限りは、実は最高裁じゃないんです。いま『法曹時報』などをご覧になると分かりますが、次から次へと新しい判例が出ているでしょう。あんなものは、何もあそこまでやることはないですよ。実は、年間三千何百件来るうちの、ほとんどが大審院向きの事件ですが、それでも全部大法廷で受けるべきだと思う。首席調査官室に五、六人の中堅調査官を置いて、首席調査官と一緒に、判決と上告理由を調べさせる。新聞や雑誌を見ても、上告まで来る事件で、問題のあるものは分かりますからね。全件を一度合議に掛けて、その中から年間十件か十五件を取り出して、大法廷に残す。残りを、小法廷に分ける。そうすべきだと思う。

今は、小法廷に全部配って、小法廷から上げて来ない限りは大法廷が開けない形になっている。裁判所法を解説した本をご覧になってもお分かりのように、小法廷に事件が配分されたあと、小法廷から大法廷に持っていくかどうかは、小法廷の裁判長の専権だとされているんです。ルールは、そうなっているんです。だから、小法廷の裁判長から申し出て来ない限りは、大法廷は取り上げることができないんです。『取る』と言ったら、大法廷の裁判干渉だということになる。そんなことはないでしょう。大法廷は十五人いるのに、小法廷に敵《かな》わないなんて、それはおかしな話です」（二六一〜二六二ページ）

つまり、いまは小法廷主義であって、三つの小法廷の裁判長が一番権力を握っている。大法廷に持っていくかどうかはそこで決まる。だから大法廷に持っていく事件はそんなにない、ということです。矢口は、そうではなくて、まず大法廷が主導権を握って、しかる後、小法廷に関与させるべきだと考えています。その順番を入れ換えることによって、大法廷の審議を実質化すべきだとはっきり言っているわけです。そのためには、調査官を種類別、人数別にもっと多様性を持たせて、対応させるべきだという考え方を述べています。

「だから最高裁の小法廷の判事を二年もやったら、もう大変だと思います。私は、一年八カ月で、もういいと思った。これを、あと四年間もやるんだったら、敵わんなと思った。みんな、そうじゃないですか。最高裁判事任命後の記者会見では、みんな、いろいろ言われますが……。（中略）

刑事の人は、まだいいですよ。『俺は刑事だから、民事のことはよく分からない』と言っていればいいんだから……。民事だったら、行政法もやらなければいけないし、商法もあるし、大変です。一週間のうち土・日も入れて、一日ぐらいは夜に仕事をしないで済むかも知れないけれども、あとの六日は記録を見なければ間に合わないです」（二六三ページ）

さらに矢口の本音が出て来る部分があります。

「だから最高裁判事になって、大法廷の事件が増えると、みんな困った顔をする。それは、小法廷の事件がやれないということと、大法廷では自分の力量がオープンに試されるということで、それが半分半分ぐらいじゃないですか。『あいつは、何を言っているんだ』ということが、すぐに分かります。だから、いわゆる『全員裁

判の恐怖』ということになります」（二六三ページ）

そして矢口は、自分自身がどういう形で、最高裁のほかの判事と関わってきたか、ということを述べています。

「私は小法廷が三つあるうちの第一小法廷に配属になりました。第一小法廷には、少し前まで団藤〔重光〕さんがおられたんですが、定年で退官されたあとでした。藤崎万里《まさと》さん（昭和五十二年四月～五十九年十二月、最高裁判事）という外交官出身の方と、谷口正孝さん（昭和五十五年四月～六十二年一月、最高裁判事）という刑事の方がおられました。谷口さんは、なかなか進歩的な考え方の裁判官でした。それから、角田礼次郎《つのだれいじろう》さん（昭和五十八年十一月～平成二年十二月、最高裁判事）がおられましたが、彼は元法制局長官ですね。あとは、私と同期で、大阪の弁護士をしていた和田誠一さん（昭和五十七年八月～六十一年四月、最高裁判事）、私を入れて、この五人の構成でした。

藤崎さんが最先任です。それまでは、団藤さんが先任だった。団藤・谷口という刑事の人が二人も、一つの小法廷にいるのは珍しいことです。殊に検事出身の刑事の人だと、どちらかと言うと、ハードな解釈をする。しかし、谷口さんにしても団藤さんにしても、必ずしもそういうことには囚《とら》われず、絶えず新しい考え方をされていたようです」(二六七〜二六八ページ)

そして、大法廷については、次のように述べています。

「十五人の大法廷でも、よく発言するのは、大体数人です。行政官とか外交官とか学者の方とかは、ご自分の領域はいいんですが、それ以外の領域では経験もありませんし、躊躇される。どういうふうに議論に入り込んでいってもいいか、案外気を遣われます。それは、委員会なんかでも同じでしょう。大体、しゃべる人は決まっていて、大部分の人は、それにチョコチョコと口を挟むか、賛成か反対かを言うだけのことで、特に意見を述べない。幾つかの意見が出てしまえば、そのあとは一人一人が滔々《とうとう》と意見を述べることは、本当に稀なことです。その意味では、十五人は多過ぎるかも知れません」(二六八ページ)

ここで矢口は、専門以外のことにはなかなか発言できないという、職業裁判官ではない人たちを含めても、実際に十五人の会合でしゃべる人はごく限られた人数になる、これは普通の委員会などでも同じではないか、と語っています。ここは一般論としても通用するところです。普通の審議会などを経験した私の日から見ても、発言する人は限られていて、あとはみんなスリーピング・ボードとまでは言いませんが、並び大名のように座っていて、最後に賛成ですかと聞くと、賛成だという程度です。あるいは意見を差し挟むにしても、反対意見ではないけれど、こういうこともあるのではないかという程度の補助的発言をするのが、普通の委員会の在り方です。しかし最高裁がそうであって本当にいいのか、問題はそこにあるわけです。やはり数の問題です。先ほど矢口が「十五人は多過ぎる」と言っているのを紹介しましたが、ここでもそれが考えられています。

「では、九人がいいか、七人がいいかと言うと、本当に全員で議論するなら五人で十分でしょうが、まあ七人か九人ですね。五人の小法廷でも、自分の事件以外では何も言わない人が、必ずいるんです。議論というのはなかなか難しくて、私も上手にはできません。いろいろな意見が飛び交っているところに入り込んでいって、適切に、それに対する賛成意見、反対意見、あるいは第三の意見を述べるというのは、

難しいことです」（二六八ページ）

あれだけ口八丁、手八丁の矢口自身がこう言うわけですから、会議体の在り方は非常に難しいのだろうと思います。

ちなみに平成二十（二〇〇八）年、竹崎博允《ひろのぶ》東京高裁長官が最高裁判事を経ずにいきなり長官になりました。その竹崎が、長官でありながら、小法廷の裁判長になりました。大法廷主義か小法廷主義かという矢口の議論を見てきた限りにおいて、竹崎のこの措置は、なかなか意味深長なものがあると思います。今後に注目したいものです。

後藤田式③

「工程表」による決定過程を描く

すさまじい省庁統廃合への抵抗

昭和五十八（一九八三）年、後藤田は、第二次中曽根内閣で行政管理庁長官に就任します。行政管理庁は、行革の推進役として、総務庁に衣替えするわけですが、それにあわせて、後藤田は行管庁長官から総務庁長官になります。いよいよ後藤田が行政改革の中心を担うようになっていくわけです。

ここで後藤田は、国鉄改革がなぜ成功したかということを述べています。これは官僚・政治家の後藤田から見て重要な点だったと思われます。

「中曽根さんの改革の政治手法、これが大変巧妙だったと思いますね。ともかく方向性の固まったものから先に答申してもらいたい、しかも実現可能性をよく頭に置いてやってもらいたいと、注文をつけたんです。もうひとつは、答申が出るとすぐに政府与党首脳会議で了承を取りつけるんですよ。みんなわからないから決まるんです（笑）。今と同じだ。後になって問題が出てくる。次いで、その答申を最大限尊重するという閣議決定をやる。その閣議決定を受けて内閣官房と各省に対して、実施・実行までのタイムスケジュールを作らせる。

これは官房長官にとっては容易ではないんだ。工程表を作らせるんです。その中には、いつまでに何をやるかを書いてある。しかも法律を必要とするのか、政令でできるのか、省令でできるのかと、こういうことまで全部書き込ませるんですよ。それを今度は党側にオーソライズさせる。その結果、党と政府が一体となって取り組んでいくと、こういう政治手法を取ったんですよ。これは非常に巧妙だったと思うね」（下一〇二ページ）

ここでポイントになるのは、後藤田が「工程表」という言葉を使っていることです。このオーラル・ヒストリー自体は一九九五年九月から九七年十二月まで行っていますから、まだ小泉内閣ができる前です。「工程表」という言葉は、実は小泉内閣で竹中平蔵特命大臣が流行《はや》らせた言葉で、彼が経済財政諮問会議を運営する時のポイントが、「工程表」だったわけです。しかも彼は、それをみずから創り出したやり方だと言っているのですが、後藤田の言によれば、後藤田はすでに国鉄改革の時に「工程表」ということを考えていて、「工程表」を中心とする決定過程の在り方を見事に描いています。

ということは、どの内閣であっても、多少とも総理大臣に権力が集中している場合には、「工程表」をうまく作ると全体が動きながらついてくるということであって、その意味で中曽根内閣と小泉内閣のある部分は、やはり似ていたと思わざるを得ません。

そして、省庁統合の問題について、彼は次のように言っています。

「行政管理庁に行ってみると、総務庁が五十九年七月一日にできることは前の年に決まっているわけです。そして法律上、総務庁と総理府を一緒にしなければならないことになった。その仕事が、行管庁の長官にかかってきている。さあ、いよいよ取り掛かってみますと、行管庁と総理府のふたつがいわば合併するんですね。そうなると、仕事の中身の重要性や分量を考えますと、行管庁が総理府を吸収するという形になるわけですよ。そこで総理府の仕事を、ものによっては各省に返すという仕事もあったけれど、大部分は総務庁に移す。（中略）

そうなってくると、総理府の現役職員の諸君は、自分達の先行きがどうなるんだろうかと不安になる。人事上、本当に公正な取り扱いが保証されるのかどうかという不安感を持ったんですね。そこで、合併に際して自分達が不利にならないようにと、陰に陽に強い運動が始まった。これを私はけしからんとは言いません。ただ一番困ったのは、この仕事を官房副長官がやるわけですね。官房長官は藤波孝生君ですけれど、副長官の藤森昭一君にかかってくるわけです。この人のところには、いろいろな方面から圧力がかかってくる。それから、なおそれ以上に圧力がかかったのは、山地進君という、のちの日本航空の社長、今は会長をやっていますね〔平成十七（二〇〇五）年、死去〕。彼が総理府の事務担当の副長官ですから、これに内部からの突き上げがある。具体的に人を配置替えするわけですからね」（下一一一〜一一二ページ）

さらに、反対運動がどのように広がるかについても述べています。

「総理府を残せという主張すら出てきたんですよ。そういった運動の中心になったのは誰かというと、背後は事務方、事務当局の幹部ですよね。しかし、それに同調して動かれたのは誰かというと、歴代の総理府総務長官ですよ。国務大臣をおやりになった政治家の有力者です。それから総理府の政務の副長官、政治家ですね。それと旧総理府のＯＢです。これらの巻き返しには、すさまじいものがありました。私の家にも、当初わけのわからない電話がきましたね。それから藤森君はもちろんのこと、山地君はなおさらきつかった。藤森君という人は非常に事務に堪能で公正で、しかも冷静な人ですよ。これが珍しく僕のところへ来て、とてもじゃないがどうにもならん、という訴えをしました。それくらい、省庁統合というのは具体化する段階では厳しいよ、ということです。役人そのものの将来がかかるわけですからね。吸収合併ではもう先がありませんから。こういうときは、役所の先輩、あるいは関連のあった政治家、こういう人が陰に陽に抵抗するということです。私は本当にこの時に初めて、役所の統廃合がどれくらい難しいか痛切に感じました」（下一一三ページ）

その後、橋本行革で省庁の合併問題があったときも激しい反対運動がありました。ましてやこの時期には、まだ行政改革の必然性がそれほど叫ばれていないときの合併だったので、それは大変だったのでしょう。官僚組織も一皮むいてみると、こういうお家の実情が見えてくるということだろうと思います。

後藤田はこのあと、行管庁の事務次官、政務次官を辞めさせ、最終的に次官は両方とも総理府から採るという配慮をしています。合併される側から次官を出すことによって全体を宥《なだ》めるという方法をとったわけです。

役割は規定されないほうがいい

昭和六十（一九八五）年、後藤田は、第二次中曽根改造内閣で再び、やりたくないという官房長官になるわけです。最後に官房長官になった時は、閣僚の任命にあたって、閣僚名簿のふりがなが振ってないので、人の名前を間違えて読んだ。四人の名前を間違えて読んだら、そのあと嫉妬めいた非難を受けたという話をしています。

「さあ、それで、あとで挨拶回りに行った。まずは竹下登さんの木曜クラブに行った。そうしたら連中は怒っておるんだ。僕が続いて大臣をやるから怒っているんだ。原因のひとつはそこにあるんだね、嫉妬しておったからな。みんな歳のことを考えないでね。羽田〔孜〕君とか小沢〔一郎〕君とか、みんな多少嫉妬めいた気持ちがあったのではないかなあ。田中さんに文句を言ったことがある。そうしたら田中さんに、『君ら二人、三人束になっても太刀打ちできるか、黙っておれ』と怒られたんだって。そういう不満が溜まっていたんだ。そういう背景があるんだな（笑）」

（下一二七ページ）

そして、繰り返しになりますが、やはり官房長官をやりたくなかったということを語っています。

「まあ二度の勤めというのは、できれば避けたいんです。といって、僕は他の大臣ならやりたかったんですよ。代議士をやっているんだから。それは率直に言います。しかし官房長官はちょっと長すぎる気がしました。それなのになんで僕なのかと、中曽根さんに聞いたことがないんです。おそらく行政改革と官僚の抑え、それと危機管理だと思うね。それをやってくれと、こういうことじゃないですか」（下一二八ページ）

これは非常に意味のある発言だと思います。というのは、彼はほかの現業の大臣だったらやりたかった、官房長官はちょっと長すぎると言っているからです。しかもポイントは、「なぜ二度にわたって起用するんですか？」などという余計なことを総理大臣である中曽根には聞かなかったところにあります。それを聞いたら、後藤田の役割はこうであると中曽根に言われてしまい、規定されてしまう。それを聞かずに、だいたいこんなことが自分に期待されているのではないか、ということを推測してやった点こそ、フリーハンドを得られた後藤田の面目躍如というものでしょう。

同時に選挙制度の問題についても、このとき話をしています。定数是正問題がこの時期非常に重要でした。

「さて、司法の場はそれをどう扱ったかと言いますと、衆議院の場合にはだいたい格差三倍を超えれば認められない、参議院の場合は、三年ごとの半数改選で任期六年ということですから、格差六倍以上を超えればよくない、といったような判決が出るわけです。これは、現実に妥協して司法の判断が出されていると言わざるを得ません」（下一三〇ページ）

後藤田は選挙制度調査会長を長くやった経験から、大先輩で戦前の大蔵官僚で、大蔵大臣も務めた青木一男に談じ込まれて大変だった、という話をしています。

「用件は、裁判所の違憲判決についてだった。後藤田君、きみは選挙制度調査会長だろう、あの司法の判断は憲法違反だよ。だからあの違憲判決をした最高裁の裁判官を憲法違反で告発しろ、とね」（下一三〇ページ）

理屈は確かにその通りだけれども、最高裁判所の裁判官を訴えるのはなかなか難しいということになります。

「まことに理路整然たるお話はよくわかるし、僕とあまり考え方が変わらない。僕は今でもその考え方をしているんですよ。ところがその結論として、最高裁裁判官を憲法違反で訴えろ、と言うんですね。これには参りましてね、それは先生のお話はごもっともではありますが、現実にはなかなか難しいお話ですな、と言って、反対もしないが賛成もしないという形でようやく無罪放免になりました」（下一三二ページ）

この時期、一貫して定数是正の問題が叫ばれていながら、結局、司法の判断は後出しじゃんけんのようなもので、違憲判決が仮に出たとしても、次の選挙が行われていて、全く意味のない判決になっています。後藤田は微妙に司法と政治との関係について踏み込んで語っていますが、矢口のところで見るように、やはりこの時期の司法には、制度を超えて、あるいは制度を変えて、活発な議論をするという動きはなかったということが、後藤田の言い方からもわかるのではないかと思います。

人材の劣化が制度の劣化を生む

このあとは、総理大臣の権限強化の問題になりますが、後藤田は、総理大臣の権限強化について、決してストレートに賛成ではなかったと述べています。

「そこでよく出てくるのは、総理大臣の権限を強化すべきではないのか、あるいは官邸機能の強化をやるべきであるということです。しかし、これがなかなか難しくて、その通り改革がやれていないというのが実態ですね」（下一六四～一六五ページ）

「外から見た総理大臣の権限は、森羅万象なんでもできるというように見える。なぜかというと、議院内閣制のもとにおける総理大臣は、政党の頭領の立場に立っているわけです。したがって政党の中における政治的な力量というものが背景にあって、内閣総理大臣は何でもできるように外からは見えるんです。だから、何かあると、総理大臣は何をしているんだ、ということになる。そして、必ず出てくるのが、総理大臣に総合調整権ではなく指揮監督権を与えろという主張ですね。大きな事件があったときには必ず出てくるんです」（下一六五〜一六六ページ）

ただし、この主張に対して、後藤田は、「それはよほど慎重に判断をする必要があると私は思う」と言っています。後藤田の考え方は保守的だと思いますが、さらに次のように言っています。

「この制度〔総理大臣の権限強化〕は基本的に明治憲法と同じなんですから、やはり総理大臣というものの独断専行からくる国政全体の不測の混乱、あるいは国家の運営についての危険性というものに対して、どこかで抑制の働く仕組みを作る必要があるのではないかという、先人が考えられた上での制度ではないかなと思う。だから、そこはよほど慎重に考えて、いきなり指揮監督をなんでもやれる、というようなことをやってはいけない。むしろ総合調整権にとどめるべきであると思います」（下一六六ページ）

後藤田は、このあとの橋本行革のときにも同じような主張をしています。ポイントは、明治憲法とこの制度は同じだという言い方をしているところです。普通なら、戦後憲法は総理大臣により大きな権限を与えた、という言い方をするはずですが、後藤田は敢えて、明治憲法と同じだという言い方をしています。しかも国家運営について、独断専行から混乱が生じるおそれがあると言っているわけです。

このことは後藤田という人が、根本的に日本における政治家の資質やリーダーシップの在り方を信用していない、政治家は制度的な抑制を外したら、何をするかわからないという人間不信、性悪説を持っているということの現れだと思います。

総理と官房長官の緊張関係

内閣府や内閣補佐機能を作れという話があったときに、内閣に五つの部屋を置き、五室体制にしましたが、これはなかなかうまく行かなかったという反省があるようです。

「それを一般的に申しますと、この五室制を作るときの中曽根さんの考え方ですが、中曽根さんは反対ではなかったんですが、必ずしも積極論ではありませんでした。ただ、中曽根さんはあとになって評価したんですよ。私が逆に、あとになって評価しなくなったんですけれどね」（下一七〇ページ）

これも、行政改革や官房の強化の議論ではよく出てくることです。制度が出来上がって最初の人事では、各省推薦、あるいは各省頭越しで、非常に優秀な人材が連れてこられます。ところが制度が固まって、二代目、三代目になると、役所のひも付き人事になったり、優秀な人材を出さなかったりという形で、ある意味での人材の劣化が、必然的に制度の劣化を生むことになります。その点を後藤田はよく見ているのです。最初は良かったけれど、だんだんあまり良くない人が来るようになった、というのが後藤田のこのときの評価だろうと思います。

このことについて、室長任命などの人事権は総理にあるのだが、そこが抜けると言います。

「〔人事権は総理に〕あるんですよ。ところがそこがどうも抜けるんだな。例えば、内閣の安全保障室長の人事になりますと、防衛庁の人事の一環としてやられることがあるんですよ。僕は厳しく叱《しか》って撥《は》ね付けたことがありますけれどね。『お前のところの都合で俺のところの人事はやらない。それならお前のところから一切とらないから』と言った。そうしたら向こうはへこたれちゃって、やめましたけれどね。そういうことをやるんですよ。大蔵省であれば大蔵の人事として内政審議室長を出そうとする。それを内閣は絶対に許したらいかん。

それはやろうと思えばできるんです。そんなものはわけがない。そんなことに反対する大臣はおりませんよ。反対するのは官僚が反対するのであって、大臣がOKと言ったら駄目だ、と言って終わりですよ」(下一七六ページ)

その室を統括するのは官房長官ですかという質問に対しては、次のように答えています。

「官房副長官ですね、下打ち合わせは。でも最終は官房長官です。総理がそんなことを言ったらいかんですな。総理はあまり細かいことを言ってはいかん。官房長官が総理の気持ちをちゃんと心得ていれば、いちいち聞かなくていいんですよ。相談することないんですよ。こうやりましたからと言って、それでいいんですよ。その代わり総理の気持ちをちゃんと心得でやらないといけない。自分の気持ちでやったらいけませんよ。非常に難しい」（下―七六ページ）

これもポイントになる話で、総理大臣が官房の中の細かい人事ややり方にまで口出しをする、介入をすることはできるだけ避けなければいけない。そのレベルの問題に総理大臣を介在させてはいけない。個々の人事、利益対立のところに総理大臣を介在させない。その代わりそこでは体を張って、官房長官なり、官房副長官なりが、総理の意を体して、人事を行い、その中における対立抗争を防いでいくというのが基本的なやり方である、と言っているわけです。総理大臣・官房長官のある種の緊張関係は、そこで生じるのであって、総理の意を体することができなければ、官房長官としては失格であるということまで含意されています。よく制度と人の問題と言われますが、総理大臣、官房長官の在り方について、ここで後藤田は具体的に語っているのだと思います。

以上で、後藤田の官僚・政治家としての話は、一応終わります。もちろんこのあと、政治改革推進本部長代理、宮澤内閣での副総理、法務大臣などを歴任し、さらには政界引退後も、この国の御意見番として活躍していくわけですが、中曽根内閣以降は、後藤田は第一線を退いたという形になるわけです。

宮澤内閣の政治改革の失敗による不信任案の可決と選挙ののち、後藤田は総理大臣に推されたこともありますが、伊東正義と同じように、身体の問題もあって彼はこれを拒否し、総理大臣にはなりませんでした。いまにして考えると、あれは本当に一瞬の幕間劇だったという感じがしますが、一度は総理という声がかかるところまで行ったということを考えると、後藤田の政治家としての半生は、一つの頂点を極めたものであると言えると思います。

後藤田は一九九六年に政界を引退して、なお十年近く生を保つわけですが、その間は本当の御意見番になりました。とりわけ、オーラル・ヒストリーが『情と理――後藤田正晴回顧録』という形で講談社から上・下二巻で出版され、それがこの手のものとしては珍しく二十万部も売れたことから、後藤田の晩年の生き方が決まっていったという気がします。

それは彼がこの本の中でもやや頭出しをしていたことですが、基本的に平和主義と、どちらかというと左を向いた発言をすることが彼の持ち味になっていきます。そして「朝日新聞」、あるいは今日私がキャスターを引き継いでいるＴＢＳの『時事放談』のレギュラー御意見番になることを通じて、政界あるいは社会を叱る、それも若干左に立った立場から叱ることになります。もともとは剛直で警察官僚出身の強面のイメージを拭い去って、一人間・後藤田としては、平和主義者であり、戦争の体験を持ち、二度と戦争をやりたくないという立場から発言をするという形で、世の中に重宝されたという感じがします。そして十年経って、後藤田が亡くなったのは九十一歳ですから、天寿を全うしたと言えるだろうと思います。

矢口式③
調査・報告書の作成は若い人に頼め

さて、実際の裁判のやり方について、矢口が述べているところを紹介しましょう。

裁判官主導ではなく調査官主導

「最高裁では、裁判はまず小法廷でやります。小法廷で裁判をやってみまして、私が真っ先に持った感想は、前にも申しあげたように、事実の認定が第一だということでした。裁判は、事実の認定に尽きる。事実の認定さえきちんとしていれば、あとは、そんなに違った解釈があるわけでない。事実認定は一、二審の専権で、最高裁では事実認定をやりません。（中略）

最高裁では調査官の報告書が上がって来ない限りは審理に入らない仕組みになっており、それが一番問題なのです。事件が少なければ、『早く上げて来い』と言えますが、たくさんありますから、『上げて来なければ有難い』と思う時すらあるんです。それに、報告書には一杯書いて来ますからね。彼らは彼らで、『急ぐあまりに、変なことを書いてはいけない』と思うんでしょうけれどね。そういう場合に、裁判所出の裁判官なら、調査官を呼んで、『早く書け』とか、『ここは、どうだ』とか遠慮なくやりますが、検事から見えた方、弁護士出身の方、行政官の方や外務官の方は、気を遣われますね。結局、調査官が報告書を上げて来ない限りは、『事件は無い』という扱いになってしまう。それが、事件が最高裁で長引く一つの理由です。

どうしても最高裁の事件処理を早くしようと思うのなら、裁判官主導でなければならない」（二七〇ページ）

いまは、裁判官主導ではなくて、ある意味で調査官主導になっていて、なかなか報告書が上がってこないという現状がここでは語られています。

「なぜ、そういうことになるかと言うと、一つは調査官というものが、各裁判官への個別の配属になっていないということです。アメリカのロー・クラーク（裁判官の助手）のように、『A、B、Cは、俺の調査官だ』ということになれば、しょっちゅう呼んで、『あれは、どうだ。これは、こうだ』と言える。ところが日本では、三十人前後の調査官が裁判官とは関係なく、独立して事件を回り持ちで担当しているわけです。そうすると、全員を掌握できないのです。それでも、私なんか厚かましいから、必要があれば呼びますが、多くの方は『とても、呼びにくい』と言いますからね。私は、もっと調査官を増やしていいと思います」（二七一ページ）

ここでの一つのポイントは、同じ最高裁判所の中で、調査官がいるから初めて素人の裁判官でも裁判ができる、ということです。現実にはその一人ひとりの人間ではなく、事件に付いている調査官がいる限り、その調査報告書が上がってくるまでは裁判官は一切、その事件について触ることができないのです。逆にいうと、その事件について調査官がかなり長い調査報告書を上げた場合、もはやそれに反する意見を述べたり、それに疑問を呈したりすることは極めて難しい状況になっているということだと思います。そこで矢口は、次のような提案をしています。

「調査というのは、そんなに年配の人でなくてもいい。若い人でも十分できると思います。例になるかどうか分かりませんが、教授に調査を頼むより、助教授に頼んだり、助手に調査を頼んだほうがいいと思うんですね。未熟かも知れませんが、そのつもりで頼む。私は、成り立ての判事補なり、五年前後の判事補にやらせたほう

が、ずっといいのではないかと思う。それは、使いこなせなければいけませんけれどね」（二七一ページ）

黙ってそのまま報告書を使うのならまずいでしょうが、そうでないのであれば、むしろ若い人の取材能力、調査能力を使って、その意見を汲み入れて自分で結論を出すというやり方のほうがいい。その方が最高裁判所の裁判は活性化するのではないか、それが矢口のここでの意見なのです。若い人を活性化させるという意味でも、最高裁の判事が最終的に自分で裁判をやるという意味でも、この解決方法は、検討に値すると私も思います。

「二対一」で裁判長が負ける？

最高裁判所に限ったことではなく、いわゆる普通の地裁や家裁では、三人の裁判官による合議ですが、その合議の実態がなんであるかを、以下では話しています。

「合議で裁判長と右陪席〔若手の判事あるいは特例判事補〕の意見が分かれたときには、左陪席の未特例判事補が同調したほうが勝つんです。ちょっとおかしい気もしますが、私が若い頃、横浜の裁判所に行っていたときに、朝、京浜東北線で左陪席と一緒になりました。『今日の事件、どうしようか。あれは、もう執行猶予にしようか』『そうですね。もう、やめておきましょうか』と言って、二人の意見が一致したんですね。役所へ行ったら、裁判長が、『さあ合議しよう』と言われる。しかし、『それは、もうできているんですが……』と、笑って言ったことがあります。しかし理論上は、裁判長の意見が違っていても、二対一で裁判長が負けることになるわけですから。しかし、地裁の合議体というのは、そんなことを考えているものではないでしょうね。少し言い方が変だけれども、課長と課長補佐と係長ぐらいで、課長補佐と係長を従えて、課長が判断するということでしょうか。（中略）

一応、合議は、若い者から順番に意見を言うということになっているんです。『言わせる』ということになっているんですが、実際問題としては、右陪席は積極的には介入しません。殊に今の民事では裁判長も単独事件を持っているし、右陪席も単独事件を持っている。そして、左陪席だけが手が空いているわけです。だから、右陪席は特段の異論のない限り、特に発言しないことが多くなります。

例えば、合議事件が五十件で、単独事件は裁判長と右陪席が、それぞれ百五十〜二百件ずつぐらい持っている。裁判長と右陪席は、単独事件で走り回っている。その間に左陪席は、その五十件の合議事件を温めているわけです。それで、『判決を書いて来い』と言ったら、一所懸命書いて来る。それじゃあ、書いて来たものを、十分添削してやれるかと言うと、自分の単独事件がありますから、十分に添削している暇がないくらいです。（中略）単独事件は自分の事件だから、判決文には隅々まで責任を持つ。しかし、合議事件は、そうはいかない。よほど変なものでない限り、文章の『てにをは』まで直している暇はないです」（二七二ページ）

これも裁判のある種のパラドクスで、裁判長は、自分が持っている単独事件についてはきちんと書くけれど、合議事件は左陪席が書いてきたものを十分に添削できずに、そのまま出してしまうというのです。これもいま行われている裁判の一つの実態だと思います。そもそも裁判の件数が多く、それに十分対応できていない姿が、ここに現れているのだろうと思います。

迅速に全体を掌握するには

話を戻して、矢口は再び調査官のことについて補助的に述べています。

「調査官にしても、手足になる補助の調査官が欲しいでしょう。だから、何か工夫をして、三人ぐらいのグループをつくる。調査官一人と未特例判事補の調査官二人ぐらいのグループをつくって、それを裁判官に付ける」（二七三ページ）

そこで、少し遡《さかのぼ》りますが、これ以前に矢口が調査官について述べていることを、ここに付け加えておきます。

「全部自分でやったら大変ですよ。『どの本の、どこに書いてあったかな』なんていうことはね。調査官は、ちゃんと引用してきますからね。それを見て、『そのほかに、こういうのがあったろう』と言うぐらいです。

現在は、調査官は事件に付きます。裁判官と組んでいるのではないのです。ところが、調査官が、なかなか事件を裁判官の手許へ上げて来ない。（中略）

調査官は大変です。さらに、最高裁判例が出ると、最高裁判例解説というのが、『法曹時報』に掲載されます。口を酸っぱくして、『この解説は、最高裁判例の射程を周知させるための解説なんだ。だから、一刻も早く、調査官は解説を書く義務があるんだ』と言っていたのです。だから、職務時間内に書くことを許している。ところが、調査官は、いろいろなものを見てからでないと、手を付けない。そのうち、時が経ってしまう。全部とは言いませんがね。それを書かずに、とうとう転勤したという人も、幾らもおります」（二四七～二四八ページ）

みんな、手が回らない状況が見て取れます。そこで再び小法廷の話に戻ります。

「〔小法廷の〕五人の〔裁判官の〕中に、民事を専門に見る人と、刑事を専門に見る人とが、一人ずつぐらいいないと困るんです。あとで、『そんなことにも気が付かなかったのか』と言われたら困る。そうすると、私が小法廷のときには、私が民事をみんな見なければならない。角田さんから、『お前は行政官だと思っていたら、やはり裁判官だったな』と言われた。法律の議論もできるじゃないか、という意味だったのでしょう。

藤崎さんが定年になると、高島益郎《ますお》さん（昭和五十九年十二月～六十三年五月、最高裁判事）が第一小法廷に来られました。高島さんは優秀な外交官でしたから、ためになる話をいろいろな機会にしてくれました。非常に仲良くして、『辞めたら、一緒に海外旅行をしようか』などと言っていたんですが、定年の直前に亡くなりました（昭和六十三年五月二日）。そういう外から来た方は、その分野では非常に得難い存在です。下田武三さん（昭和四十六年一月〜五十二年四月、最高裁判事）も、気骨のある方でしたから、おっしゃることは非常に参考になりました。それに引き替え、法曹同士は、そういう意味ではあまり役に立たない。何も新しいことがないんですから……。『こういうことを言うだろうな』と思うことを、言うだけのことです。といって、外から来た人ばかりで構成したらいいかと言うと、今度は事件をこなすのが大変です。

その辺のところは微妙な問題ですが、大事なことは、詰めていけば、今、どういう事件が係っているか、どの事件と、どの事件は早くやらなければいけないかということ、全体を掌握することだと思うんですね。全体を掌握するには、どういうふうにするのが良いか。事件は調査官のところに先に行って、調査官が抱え込んでしまっています。特殊な事件で、新聞なんかが書くような事件は、『あれが来るな』ということが分かりますが、普通の事件で、法律問題があるかないか分からないような事件は、最高裁に来ているかどうかも分からない。その辺のところを、どういうふうにうまくやるのか、ということが問題です」（二七五〜二七六ページ）

これは最高裁判所の一つの隘路《あいろ》であって、誰もがこの問題件に気がつきながら、しかし誰かがその問題を把握して、ある種のリーダーシップを発揮して、「最高裁にはこういう問題が起きている」ということを周知徹底することはできないような仕組みになっています。これをどうにかするためには、矢口はこれ以上言っていませんが、最高裁判所長官が非常に強い権限を持って、これについてある種のステートメント（声明）を発表するぐらいしかないと思います。しかし、最高裁判所長官には実はそんな力がない、政治性がないということが問題だろうと思います。

リーダーシップを発揮して悪平等を改める

いよいよ矢口のオーラル・ヒストリーも終盤を迎えます。ここでは、違憲立法審査権の問題を考えてみたいと思います。矢口はこう話します。

「違憲立法審査権が問題になるような事件は、大法廷に掛けられます。大法廷ということは、最高裁長官が裁判長になる。最高裁長官が裁判長をやると、その事件で、それまでの小法廷の裁判長をやって来た人たちは、主任、すなわち下級審で言えば、合議事件の左陪席の役割になる。調査・検討はしなければならない、まとめの起案もしなくてはいけない。しかし、総括的な主導権は裁判長に取られる。だから、喜んで『そうしてくれ』と言う人と、『そうされるのは嫌だ』と言う人とができてくる。『俺がやりたいんだ』という人にぶつかると、なかなか事件を大法廷に回さない。そういうことが、一つあります」（二七六ページ）

これも象徴的ですが、大法廷に取られると、小法廷の裁判長は大法廷の裁判長補佐のような役割を果たさなければなりません。そのほうが楽だからそうしたい、という人と、それはいやだ、自分でやりたい、というタイプの人がいるというわけです。いかにも人間的な場面が語られています。

繰り返しになりますが、そこで困るのは前述の「全員裁判の恐怖」です。「訊かれて、意見がないというのもなんだから、『多数意見に同意見だ』と言う。一つの立派な意見なのですね」と矢口は言っています。評議では長官が当てるのかどうか、という質問に対しては、「人によります」と答えています。続いて、矢口さんは当てられましたかという質問に対して、「滅多に当てませんけれどね。『どう思う？』といったようなことを訊くことはあります。しかし必ずしゃべる人はしゃべるので、二、三人が意見を言えば、大体の説は出て来ますから、そのあと、『あなた、どうですかね』

というようなことは訊きます。大部分の人は格別の意見がないんです」と答えています。さらに次のように述べています。

「大法廷をやらなくても、しゃべる人はしゃべります。十五人のうち、しゃべる裁判官というのは、常時数人ぐらいのものですね。戦前は、法廷で裁判官が訊問しました。ところが、戦後は裁判官は聞くほうに回って、しゃべらなくなった。そうして、しゃべれなくなった。弁護士や検事のほうが、まだしゃべる」（一七七ページ）

そして矢口の問題意識は、最高裁の問題に戻ります。

「最高裁だけに関して言えば、上告事件の中で、どの事件と、どの事件を大法廷で処理するかということを、真っ先に決めるべきだと思う。あとで情勢が変わって、これも大法廷で……ということがあれば、それはそのとき改めて決めれば良い。そのようにして、重要な事件は、最初から大法廷が責任を持つ。大法廷が責任を持つということは、長官が責任を持つということです。今は小法廷から大法廷に回付されて、漸《ようや》く長官が責任を持つという仕組みです。

ところで、長官が責任を持つと言っても、大阪空港事件〔付近住民による空港の夜間利用差し止め等を求め、最高裁まで争われた〕のときのようなことを言われても困るんです。大阪空港事件では、『〔最高裁長官の〕岡原昌男さんが、小法廷で審理しようとしていたのを取り上げた。裁判権の干犯だ』と言って、一部の弁護士が騒いだ。これは、おかしいんです。小法廷の事件を大法廷に持って行くのに、どういうふうに持って行くかは別にして、事件を大法廷でやったら、『それは裁判権の干犯だ』と言うのは、多数党の総裁が内閣総理大臣になった途端に、『総理が国会のことを言うのは、立法権の干犯だ』と言うのと同じようなものです。そういうのは、日本人の潔癖性、否、観念論と言うんですかね」（二七七〜二七八ページ）

ここで珍しく、かつての大阪空港事件の問題に関して矢口は反批判をしています。そして小法廷と大法廷の関係に関しては、「最高裁判所裁判事務処理規則の改正が必要」と断定します。

「それを変えようということを発議するなら、長官しかいないですね。ところが、長官がそれを言い出すということは、ある意味では小法廷の裁判長——これは各人がなるわけですが、その権限を取り上げることになる。ますます小法廷を低く見ることになるというのでしょうか。最高裁判事は、『長官も俺たちも、一票は一票だ』と思っているわけです。『一票は一票だ』と思っていますから、大法廷の裁判長は言い出し兼ねる。あるいは気が付かない」（二七八ページ）

結局、ここで矢口が言っていることは、最高裁判所長官も小法廷の裁判長もみんな平等であって、むしろ小法廷の裁判長のほうが主導権を握っているという状態です。こういう状態でいいのだろうか、最高裁判所長官が本当はリーダーシップを発揮しなければならないのではないか、ということを、矢口は繰り返し述べています。

「最高裁の政治的性格からいけば、違憲立法審査権が問われているんです。今の最高裁は、その消極性に対して文句を言われているわけで、やらなければいけないのです。今後の裁判所の行き方は、司法行政みたいなものでやるのではなくて、裁判で、はっきりと『駄目なものは駄目』と言うことだと思うんですね。しかし、それだけのことをやるというのも、なかなか……」（二七八〜二七九ページ）

しかし、「そういう空気にならなくてはいけない」と言っています。裁判ではっきりケリを付けるということについては、次のような図式を述べています。

「一審が思い切ったことをやって、二審が宥《なだ》める。そして、三審の最高裁が、あるとき二審判決を破棄して、一審判決に同調するという図式です」（二七九ページ）

彼は、これが重要だと言って、「『戦う司法』でなければ駄目です。それが、今後の司法だと思う」（二七九ページ）という言い方をしています。

裁判官のリーダーシップ

最高裁判所長官がリーダーシップを取るためには、最高裁判所裁判事務処理規則の改正をしなければなりません。しかしそれはなかなか現在の状態でもできないというのが、最高裁長官を辞めてからの矢口の感慨であったのだろうと思います。

後藤田は、政治の上で内閣総理大臣のリーダーシップを政治的に強化することに反対して、むしろ明治憲法下の総理大臣と同じように、制度的に抑制していくことが重要であると考えていました。それに対して矢口のほうは、そうではない、戦後憲法の下で違憲立法審査権まで与えられた最高裁判所長官が、さまざまな悪平等主義に囲まれて、リーダーシップを十分に揮うことができない状況を改革しなければならないと考えているわけです。事務処理規則を変えて、大法廷でやるべき事件を決めて、次に小法廷に振っていくというように、今のやり方を全面的に変えなければいけない、と言っているのは、非常に象徴的だろうと思います。

政治ないし行政においては、旧来型の消極主義がいいということを、基本的に性悪説の後藤田は考えています。裁判所の矢口の場合、性悪説ではないけれど、性善説でもない。人間というのはなんでも放ったらかしにしておいたら、いまのまましかやらないから、少しでもこの状況を変えて、上からの主導権を強める形で裁判を活性化させなければいけないというのが、彼の意見と見ることができます。

晩年の矢口は、自分が一貫してやってきた「司法行政に磨きをかける」という部分については非常に批判的になってきました。むしろ、そこから「裁判で勝負する」というように変わってきたと言えます。だから彼は、陪審制、あるいは二〇〇九年に導入された裁判員制度について、導入に賛成する意見を述べてきましたし、最後まで「裁判の民主化」に賛成していたわけです。「裁判の民主化」に賛成しながら、最終的に彼が言いたかったのは、裁判官の裁判そのものに対するリーダーシップを強めるべきだ、ということだったのだと思います。

晩年、それこそ二十一世紀になってから、矢口もオーラル・ヒストリーを行ない、その結果として、報告書『矢口洪一オーラル・ヒストリー』（政策研究大学院大学、二〇〇四年）を刊行しました。これは、百部印刷して、ほぼ全部、矢口が関係者に配りました。それは、特にプロの裁判官、プロの司法行政官のあいだでは、マル秘のように読まれました。

実は矢口は、これの商業出版の可能性も考えていました。しかし、時の最高裁判所長官に、それだけはやめてください、まだ生きている人もいるし、これが世の中に出ると非常にまずいと言われた、と言って笑っていました。それぐらい、ある意味で衝撃的な内容を含んでいるということだろうと思います。

その矢口も、後藤田が亡くなった一年後、二〇〇六年に八十六歳で亡くなりました。お二人とも鬼籍に入ったので、このような対比列伝の試みができたのです。

おわりに　一時代を画した組織と人事のプロ

相互認知をしながら進む

最後に、二人を比較検討してきて、何が言えるのかを考えてみたいと思います。

後藤田という人は、行政・警察官僚でありましたし、政治家になっても、そういう官僚的発想から抜けたことはありませんでした。むしろ官僚的発想を、もともと彼にあった政治家としての資質の中で活かしながら、その後のキャリアを送っていったのではないかと思います。

矢口のほうは、司法・裁判所官僚という道を一筋に歩んできた人です。晩年には、「裁判官は裁判で勝負するんだ」と言い出しましたが、彼の輝ける業績は、ひとえに行政官僚に与《くみ》しながらの裁判所の中での司法官僚としての業績です。司法官僚として粋《すい》を極めるところに、彼の持ち味があったということは言うまでもありません。

私は、それぞれの領域での官僚のプロフェッショナルが、同じ時代に、それぞれある程度相互認知をしながら進んできたという点に、特色があるのではないかと思います。その意味で、この二人の官僚としての生き様には似ている点が多いと思います。二人とも、どこかで国を背負って立っているという意識があり、また、隠そうともしない強烈なエリート意識があります。そして勘所《かんどころ》を摑むのが非常にうまいということです。

この二人の生涯を対比すると、例えば警察なら警察の組織や人事、裁判所なら裁判所の組織や人事について、どうしたら反対者を少なくして、うまく回すことができるのかということについて、終始この二人はプロとして携わってきたということが見えてきます。プロとして携わってきたことの意味、効用、そしてその限界を、順次語ってくれたという気がします。

戦後という時代を生き抜いた

組織と人事のプロとして、この二人は一時代を画したことは間違いありません。とりわけ、矢口の回想に出てきますが、昭和四十年代の後半、後藤田がまさに田中内閣の官房副長官になった頃からは、矢口と後藤田のあいだに非公式なチャネルが出来上がっています。裁判所の中でのかなり重要な案件、最高裁判所の判事の任命から始まって、裁判官に関するいろいろな行政上の問題について、矢口は逐一、後藤田の了解を取っていました。

その後も、後藤田が政治家として、自治大臣、官房長官、総務庁長官、再び官房長官という官職にあったときに、当然のことながら、矢口も最高裁判所事務総長、最高裁判事、最高裁長官となっていくわけです。この二人のキャリアで、特に矢口が後藤田に負うたものは大きいと言えると思います。

また逆に、警察官僚出身の後藤田が、裁判所や司法に関して、ある知識と知恵を得たのは、矢口とつき合っていたからである、という面もあります。したがって、彼が宮澤内閣の法務大臣をこともなく務めることができたのは、そういう勉強の過程が後藤田にあったからだと思います。

先頃出てきた富田朝彦《ともひこ》元宮内庁長官の日記（いわゆる「富田メモ」）を私が見せてもらった時の印象では、後藤田と富田、これはもちろん警察官僚の先輩・後輩にあたりますが、それに矢口を加えた三人は、家族ぐるみでもよくつき合っていることが明らかになっています。その点で言うと、後藤田が持っていたチャネルは非常に深かったと改めて思います。

いずれにせよ、もう少し広い幅で見てみると、二人とも、戦後という時代を自己の職分にきわめて忠実に生きたと言えます。そして、この二人の人生には、全くないとは言いませんが、女性が出てきません。まさに男臭い世界を生き抜いた、という印象が残ります。

とりわけ、一九六〇年代に大学の紛争があり、社会反乱があり、荒れた社会の中で、後藤田は警察庁次長、警察庁長官として、それに正面から対応していました。同じ時期、荒れる司法と言われた時代に、矢口は最高裁の事務総局で、民事局長、行政局長、人事局長として、取り仕切っていたわけです。だから、矢口もまた一九六〇年代後半の社会反乱に対して、司法の立場から真正面に対応したと言うことができるのではないでしょうか。その意味では、警察とか司法とかいうものが、危機管理の状況下で露《あら》わになる本来の姿をみごとにキャッチし、この二人はともに強烈な使命感を持って、立ち向かうことができたことになります。そしてその果実を彼ら自身も十分に受けることができたと言えるでしょう。

これまで戦後日本の中で、官僚のプロフェッショナルである二人を対比して話を進めてきましたが、こうした意味で、二人とも極めて充実感を持って、その職業人としての生活を終えることができたのではないでしょうか。その意味では幸せな人生であったと言えると思います。

あとがき

アラカン（還暦間近）の年齢になって、ようやく父親及びそれより上の世代が、二十世紀の後半――戦後という時代――を生き抜いた意味を、形にして残したいと自覚するに至った。もっとも自分の記憶もある〝高度成長の時代とその後〟をわかりたいと思ったのは、もっと以前のことだ。そもそもオーラル・ヒストリーに、勤め先の大学を異動してまで専念したいと思った動機は、〝高度成長〟を様々な証言で捉え直したかったからに他ならない。

オーラル・ヒストリーに本格的に取り組んで長い年月が過ぎた。多くの父親世代の証言は集まったものの、そのままでは単なる「オーラル・レコード」の集積にすぎない。どうしたら〝高度成長〟や〝戦後〟の意味と文脈を再構成することができるのか。そこで今から三年前、「対比列伝」の形をとった「オーフル・ノンフィクション」というジャンルを開く試みを思いきって始めた。

ヒントは、幼き日に夢中で読んだ浅野晃『少年少女日本史談』『少年少女世界史談』（偕成社）の、「対比列伝」風の血湧き肉躍る記述にあった。粕谷一希さんの名著『対比列伝――戦後人物像を再構築する』（新潮社）が、ずっと気になっていたことも確かだ。例によって走りながら考えるタイプなので、『アステイオン』（阪急コミュニケーションズ）の連載の形をとり、「後藤田正晴と矢口洪一」は、66、68、69号（二〇〇七～二〇〇八年）に掲載された。

後藤田、矢口両人のオーラル・ヒストリーのテキスト作成には私と、二十年近く伴走してくれているテープ起こし者の丹羽清隆さんが関与している。その丹羽さんの面前で語りおろす形をとって、この「オーラル・ノンフィクション」第一弾は生まれた。聞き手の私と、書き手の丹羽さんとで、語りおろしをしながら内容について改めて踏みこんだ議論ができたのは幸せだった。かくて本文のアップテンポの語りの文体は、二人の協力でできあがったものだ。

本書は『アステイオン』連載分をベースに、朝日新聞出版の中島美奈さんが、さらに一般読者向けに再編集している。詳細を知りたい方は『アステイオン』本誌にあたっていただけると幸いである。本誌では、「宮澤喜一と竹下登」の第二部が、70、71、72号（二〇〇九～二〇一〇年）に掲載された。

これらにもう一部を加え、三部作で完結となる予定の「オーラル・ノンフィクション」だが、父親の世代とその前後に迫っている最中に、おそらく私自身は還暦をすぎることになろう。

私のオーラル・ヒストリー研究、そして「オーラル・ノンノィクション」を当初から支援し続けてくれた若き仲間の飯尾潤、苅部直、金井利之、牧原出の四氏には心よりの謝意を表したい。そして、後藤田正晴氏をご紹介いただいた下河辺淳氏と、矢口洪一氏をご紹介いただいた園部逸夫氏に、深く感謝したい。いつものことながら後藤田、矢口、両家にはご配慮をいただきありがたく思う。

最後に気のむくままの連載を寛大に認めて頂いた、サントリー文化財団と山崎正和氏にひたすら頭《こうべ》を垂れるものである。

二〇一〇年二月　春はまだかと寒い日に

御厨　貴

文庫版へのあとがき

「オーラル・ヒストリー対比列伝」を構想したのは十年近く前のことだ。単行本にしたのは五年余り前になる。後藤田正晴と矢口洪一の対比列伝は、やはり戦時体験を経て戦後を生き抜いた男の肖像にピッタリだ。これほどのプロフェッショナル意識を持ち、職業人に徹しようとする姿は、今はもう稀であろう。いや絶滅種かもしれぬ。

もちろん後藤田と矢口はその典型例であるが、戦後の高度成長期とその後の時代は、多かれ少なかれこうしたメリハリのある人生を自らに課した人々によって担われたことを、忘れてはなるまい。

ある意味で強烈な〝オトコ〟の臭いを、後藤田と矢口の対比列伝によって改めて追体験してもらえれば、著者として喜びこれにすぎるものはない。

二〇一六年六月一日

御厨　貴

本書は『後藤田正晴と矢口洪一の統率力』の書名で
二〇一〇年三月に朝日新聞出版より刊行された。

ちくま文庫

後藤田正晴《ごとうだまさはる》と矢口洪一《やぐちこういち》
戦後《せんご》を作《つく》った警察《けいさつ》・司法官僚《しほうかんりょう》

二〇一六年七月十日　第一刷発行

著　者　御厨貴（みくりや・たかし）
発行者　山野浩一
発行所　株式会社 筑摩書房
　東京都台東区蔵前二―五―三　〒一一一―八七五五
　振替〇〇一六〇―八―四一二三
装幀者　安野光雅
印刷所　三松堂印刷株式会社
製本所　三松堂印刷株式会社

乱丁・落丁本の場合は、左記宛にご送付下さい。
送料小社負担でお取り替えいたします。
ご注文・お問い合わせも左記へお願いします。
筑摩書房サービスセンター
埼玉県さいたま市北区櫛引町二―六〇四　〒三三一―八五〇七
電話番号　〇四八―六五一―〇〇五三

ISBN978-4-480-43377-0　C0131